Table des matières

Chapitre 1

Une histoire récente des risques en entreprise

Le risque est inhérent à l'entreprise. Il a toujours existé et constitue, d'après les économistes, son essence. Créer une entreprise, c'est déjà prendre un risque. Sa survie n'est jamais assurée. Même les entreprises de grande taille n'ont aucune garantie de pérennité. Enron, Arthur-Andersen, Lehman Brothers et Parmalat sont des exemples de multinationales qui ont disparu ou qui ont dû lutter pour leur survie.

Si l'activité entrepreneuriale est à la base une activité risquée, d'autres risques sont venus se greffer. Aux États-Unis, Henri Fayol voyait déjà en 1898 dans les « opérations de sécurité » visant la protection des biens et des personnes, l'une des six fonctions de « *l'Administration* ». En France, la prise en compte de ces problèmes au sein de l'entreprise apparaît plus tardivement. Même dans les années 1970, cette fonction est peu développée et peu structurée.

C'est en fait vraiment à la fin des années 1970 et au début des années 1980 que la question de la gestion des risques prend un réel essor dans l'ensemble des pays occidentaux. La fonction du *risk manager* est apparue à cette période, en même temps que le secteur de l'assurance se développait. En effet, afin de pouvoir s'assurer, les entreprises devaient être aux normes affichées par les assureurs, ce qui supposait de nouvelles compétences au sein des entreprises. Entreprises et assureurs ont ainsi collaboré pour construire une politique de gestion des risques efficace.

La finance a également eu un impact sur le développement de la gestion des risques au sein de l'entreprise. En même temps que l'économie se financiarise, des modèles financiers de gestion des risques naissent afin d'évaluer la qualité des placements et leur risque. Dans cette perspective, des modèles comme le *Capital Asset Pricing Model* (CAPM) déterminent les procédures de choix optimal en matière de rétention des risques, de franchise et de constitution de réserves.

En bref, au cours de cette période, les entreprises, en collaboration avec les assureurs, et les analystes financiers, essaient d'avoir une conception d'ensemble des problèmes de sécurité. Nous résumerons cette conception à travers un modèle de stratégie, dit le modèle PEST, que nous présenterons dans un premier temps.

À l'ensemble de ces risques, deux nouveaux types de risques sont venus s'ajouter : les risques mettant en danger la personne humaine, sa dignité, sa santé et ses droits et les risques informationnels. Nous soulignerons que ces risques sont intimement liés les uns aux autres et entrent en « synergie » lorsqu'ils se combinent. Il s'agit ici de présenter une nouvelle cartographie des risques, intégrant les risques des années 1970 et ceux apparus au milieu des années 1990.

Section 1 LES RISQUES DES ANNÉES 1970-1980

Au cours des années 1970-1980, les innovations technologiques et la globalisation des échanges se développent. Certes ces deux phénomènes ne sont pas nouveaux. Certains historiens, tels que Paul Bairoch, soutiennent même que la part des échanges entre les nations dans la richesse économique mondiale retrouve juste le niveau du début du siècle précédent.

Toutefois, ce qui apparaît nouveau, c'est la financiarisation des économies, le développement du transport aérien, du fret et même des transports terrestres (la mise en service de la première ligne TGV en France date de 1981) et la démultiplication des innovations technologiques.

Ces transformations majeures ont pour conséquence le développement de *risques collectifs*. Par risques collectifs, il faut entendre des menaces d'atteintes qui affectent des biens collectifs (environnement) ou qui concernent de larges groupes de personnes du fait du comportement d'autres agents, ou encore qui résultent de phénomènes naturels.

L'existence de ces risques collectifs a des implications sur l'activité des entreprises et ces dernières sont donc dans l'obligation de les prendre en compte. Ces risques que nous allons analyser et qui sont maintenant bien intégrés au sein des firmes peuvent être résumés dans le cadre du modèle PEST, modèle élaboré par deux enseignants anglais, Gerry Johnson et Hevan Scholes, et qui se déclinent en quatre risques principaux : politiques, économiques, socioculturels et technologiques.

1 Le risque politique

Les risques politiques sont connus. La stabilité et la nature du régime politique peuvent avoir une influence déterminante sur la viabilité d'une entreprise et le tissu économique. À l'instar de la présentation de Gerry Johnson et Hevan Scholes, on peut considérer que les contours des risques politiques englobent quatre composantes : la guerre ou l'instabilité géopolitique, la corruption, la spoliation de la part des États ou de la part du crime organisé et enfin la faiblesse de l'État-providence.

1.1 La guerre ou l'instabilité géopolitique

Rivalités entre chefs de guerre, entre le gouvernement en place et des mouvements d'oppositions armées ou encore entre tribus sont autant de situations conflictuelles pouvant déboucher sur des actes collectifs de violence. Dans ce contexte, le développement économique des pays dans cette situation est freiné puisque le développement économique d'un pays dépend en premier lieu de la stabilité de son environnement institutionnel[1]. La persistance de la crise politique, économique et sociale consécutive à la tentative de coup d'État du 19 septembre 2002 en Côte d'Ivoire est à ce titre un bon exemple.

En effet, à moins d'opportunités financières exceptionnelles (présence de gisements de pétrole, comme en Irak), les investisseurs, et notamment les investisseurs étrangers, préfèrent ne pas prendre le risque de voir leur personnel enlevé, violenté ou tué et de voir leurs biens endommagés ou volés. Cette situation est d'autant moins attractive pour les entreprises que la guerre ou l'instabilité géopolitique a un impact fort sur la démoralisation du personnel qui travaille et au bout du compte sur sa productivité. Enfin, se pose la question des interlocuteurs : pour faire des affaires, il est préférable de traiter avec des responsables politiques fiables et légitimes. Les guerres civiles ne donnent pas ce type de garanties.

1.2 La corruption

La corruption est l'emploi de faveurs pour faire agir un homme politique ou un fonctionnaire contre ses devoirs (Padioleau J.-G., *L'État au concret*, Paris, PUF, 1982). Les entreprises peuvent être ainsi tentées de recourir à l'usage de pots de vins pour remporter des contrats importants. L'un des exemples récents en France est le cas d'Alcatel. En 2002, Alcatel a remporté un contrat de

1. Williamson O., « Comparative economic organization: the analysis of discrete structural alternatives », *Administrative Science of Quality*, 36 (2), juin 1991, pp. 269-296.

400 000 lignes cellulaires au Costa-Rica destinées à l'Institut costarican d'électricité, monopole d'État pour les télécoms : contrat d'environ 150 millions de dollars. Pour remporter ce contrat, la multinationale aurait versé des pots de vins de 14,7 millions de dollars.

À l'étranger, on peut citer l'affaire Mosanto. Mosanto, multinationale de l'agrochimie, a été accusée d'avoir versé, en 2002 un pot-de-vin d'environ 61 000 dollars à un responsable du ministère indonésien de l'Environnement, dans le but de faciliter la conclusion d'un contrat avec Jakarta. La somme avait été comptabilisée comme des « honoraires à un consultant ». Pour mettre fin à une poursuite aux États-Unis pour violation de la loi sur la corruption, la multinationale de l'agrochimie a décidé d'accepter en mars 2005 de payer une amende de 1,84 million de dollars.

Ces exemples nous semblent bien démontrer que la corruption a un coût pour les entreprises, un coût direct (versement du pot-de-vin) tout d'abord, un coût indirect et potentiel ensuite (frais de justice, impact en termes d'image). Ces différents coûts peuvent nuire alors à la pérennité de l'activité de l'entreprise surtout si après coup certains gouvernements ne souhaitent pas lui voir attribuer des marchés.

Par conséquent, la corruption peut avoir des conséquences néfastes pour les entreprises et miner la légitimité des fonctionnaires d'un pays. Cependant, au regard de ces exemples, il ne faut pas croire que la corruption ne touche que les fonctionnaires des pays en voie de développement. Il est important de préciser qu'elle touche également les pays les plus riches. L'indice de perception de la corruption (IPC), qui reflète le degré de corruption ressenti comme existant dans les services publics et la classe politique, et calculé par l'organisation non gouvernementale Transparency International, montre que les pays riches sont également affectés par ce fléau.

Tableau 1.1. — Les pays de l'UE et leur rang de classement parmi 180 pays

Rang	Pays européen	CPI 2009	Rang	Pays européen	CPI 2009
2	DANEMARK	9.3	32	ESPAGNE	6.1
3	SUÈDE	9.2	35	PORTUGAL	5.8
6	FINLANDE	8.9	45	MALTE	5.2

☞

☞

6	PAYS-BAS	8.9	46	HONGRIE	5.1
12	LUXEMBOURG	8.2	49	POLOGNE	5.0
14	ALLEMAGNE	8.0	52	RÉP. TCHÈQUE	4.9
14	IRLANDE	8.0	52	LITUANIE	4.9
16	AUTRICHE	7.9	56	LÉTONIE	4.5
17	R-U	7.7	56	SLOVAQUIE	4.5
21	BELGIQUE	7.1	63	ITALIE	4.3
24	FRANCE	6.9	71	BULGARIE	3.8
27	ESTONIE	6.6	71	GRÈCE	3.6
27	SLOVÉNIE	6.6	71	ROUMANIE	3.8

Source : *Rapport mondial sur la corruption 2009*, Transparency International

Le classement 2009 de l'ONG Transparency International recense 18 pays membres de l'Union européenne parmi les 50 où la corruption est la moins répandue[1], ce qui peut laisser supposer que l'Union européenne est finalement peu concernée par ce problème. Néanmoins, on ne peut se satisfaire de cette première observation. Tout d'abord, parce que de nombreux pays européens ne sont pas classés dans les 50 premiers. On pense notamment à l'Italie ou à la Grèce. Ensuite, parce que l'offre de corruption et l'utilisation de pots-de-vin sont souvent le fait d'entreprises basées dans ces pays. Certaines juridictions, liées à de nombreux pays en tête du classement, disposent d'un secret financier qui affaiblit grandement les efforts menés pour lutter contre la corruption et permettre le recouvrement des avoirs volés. Enfin, parce que sur la base d'un autre sondage, l'Eurobaromètre[2], pour la majorité des Européens, la corruption est un problème important dans leur pays. Ces avis négatifs sur la corruption sont d'ailleurs en augmentation par rapport à la dernière enquête de 2007, la première cause de corruption résidant dans les liens trop étroits qui existent entre le monde des affaires et celui de la politique. Ils sont alors majoritaires à vouloir des mesures gouvernementales plus efficaces, des sanctions plus lourdes, des poursuites judiciaires plus répandues.

1. Transparency International France, *L'indice de perception de la corruption 2009 indique que la corruption risque de menacer la reprise économique mondiale*, http://www.transparencefrance.org/e_upload/div/ipc_2009_communique_ti.pdf.

2. *L'attitude des Européens à propos de la corruption*, Eurobaromètre 325, novembre 2009.

1.3 La spoliation de la part des États ou de la part du crime organisé

Le risque de spoliation directe de l'investissement réalisé dans un pays émergent peut exister. Dans cette perspective, certains gouvernements n'hésitent pas à recourir à l'arme de l'expropriation pour s'approprier une partie des profits de certaines entreprises multinationales. Sous la menace du gouvernement du Venezuela, la chaîne d'hypermarchés Exito, dont l'actionnaire majoritaire est le groupe Casino, avait ainsi dû céder une partie de son capital à une entité contrôlée par l'État en 2010. Il faut bien le reconnaître, ce type de risque est difficile à estimer. D'après certains analystes, ce risque apparaît faible. Néanmoins, ce type de spoliation n'est pas unique.

De multiples formes de spoliation existent. Par exemple, l'État ou la Banque centrale du pays sont en mesure de décider unilatéralement de faire blocage pour que certains débiteurs n'aient pas à payer une partie de leurs créances aux firmes. De même, en Russie, c'est la peur des mafias qui a découragé pendant longtemps les entreprises étrangères de rester sur ce territoire. En effet, ces mafias, comme cela a pu se passer en Sicile, prélevaient un « impôt » sur les entreprises leur garantissant leur protection. Cette pratique n'est pas isolée. Même en France, et notamment en Corse, ces pratiques seraient utilisées. Ainsi la presse quotidienne s'est fait écho de rackets à l'encontre du Club Méditerranée par une société de gardiennage et sécurité.

1.4 L'absence d'État-providence

Pour les économistes néolibéraux, la place de l'État-providence favorise la délocalisation. En France, fort de cette idée, certaines multinationales n'ont pas hésité à faire pression sur le gouvernement pour obtenir des abaissements de charges et des modifications de la réglementation.

Les mouvements de délocalisation s'expliqueraient-ils par l'ampleur de l'État-providence dans les sociétés les plus développées ? Certainement pas ou très rarement. Il faut bien avoir à l'esprit que c'est le plus souvent la faiblesse de l'État-providence qui peut être vecteur de risque pour une entreprise. En effet, dans le cas où la population ne bénéficie pas d'une protection sociale, qu'il n'y a pas de législation sur le travail, l'entreprise court le risque d'avoir des employés malades, facilement fatigables et par conséquent avoir une faible productivité. Cela implique aussi le risque d'avoir davantage d'accidents du travail. En bref, en comparaison, il y a de fortes chances que la productivité horaire par employé soit plus forte dans un pays où l'État-providence est important et par conséquent que le coût horaire de la main-d'œuvre soit plus faible que dans les pays avec pas ou peu d'État-providence.

2 Les risques économiques

Les risques économiques sont les plus récurrents au sein des entreprises. Au plan macroéconomique, un retournement de cycle économique, la chute des marchés financiers ou encore la baisse de la demande des ménages liée à une augmentation rapide du taux de chômage, pèsent sur le futur des entreprises et plus particulièrement sur leur capacité d'investissement. Les variations des taux de change constituent un autre risque pour les entreprises. Un euro fort par rapport au dollar peut affaiblir la compétitivité des entreprises européennes face aux entreprises américaines. Il peut aussi mettre en danger une entreprise européenne qui a développé sa stratégie d'exportation en direction des États-Unis puisque ses produits sont plus chers et donc moins concurrentiels.

Au niveau microéconomique, la gouvernance d'entreprise pose aussi des difficultés. Celle-ci désigne l'ensemble des procédures régissant le fonctionnement de la relation entre les différentes parties prenantes d'une organisation (actionnaires, dirigeants, salariés). Or les défaillances de la gouvernance d'entreprise sont également vecteurs de risques majeurs pour l'entreprise. Les affaires Vivendi ou Enron sont là pour le démontrer.

On pourrait encore citer bien d'autres risques économiques : l'inflation ou à l'inverse la déflation, l'évolution du PNB ou encore l'endettement des ménages. En récession par exemple, comme l'activité économique dans son ensemble est atone, les entreprises vendent moins ; elles cherchent alors à attirer de nouveaux consommateurs en baissant leurs prix, ce qui a des conséquences sur le résultat net de leur bilan. Ayant vendu à des prix plus faibles que le prix souhaité, elles bénéficient d'un résultat net inférieur aux espérances, ce qui en chaîne implique l'affaiblissement de la capacité d'autofinancement, la dépréciation de leurs cours de Bourse, etc..

Il est indispensable d'avoir conscience que les périodes de récession ne sont pas les seules génératrices de risques. Même en période d'euphorie, les risques peuvent s'avérer aussi importants et donc dangereux car les entreprises se réfrènent moins à effectuer des investissements spéculatifs. On notera que la plupart des malversations jugées aujourd'hui ont été commises en pleine euphorie boursière en 1999 et 2000. « *Les PDG et les directeurs financiers étaient obnubilés par l'idée que le cours de la Bourse ne devait baisser à aucun prix* » rapporte David Brodsky (cité dans *Le Figaro Entreprise*, « Les gangsters de Wall Street », lundi 22 mars 2004, p. 11), associé du cabinet Latham & Watkins, ancien procureur fédéral et spécialiste des contentieux. En effet, pour soutenir les cours, des sociétés comme WorldCom ou Enron sont accusées d'avoir réalisé des malversations comptables.

3 Les risques socioculturels

Les risques socioculturels peuvent prendre différentes configurations. Ils peuvent être rattachés aux évolutions démographiques, à la distribution des revenus, à la mobilité sociale, aux changements de modes de vie, à l'attitude par rapport aux loisirs et au travail, au consumérisme et au niveau de vie.

En fonction de son implantation, une entreprise est confrontée à ces différentes configurations aux allures plus ou moins critiques. Par exemple, la démographie peut être un élément fort perturbateur pour l'entreprise. Rares sont les études qui se sont intéressées aux conséquences du vieillissement de la population sur le fonctionnement des entreprises et les risques qu'elles vont devoir affronter. Or si on suppose que plus les gens vieillissent dans les sociétés occidentales, plus ils ont tendance à rester longtemps au sein de leur entreprise, et que plus ils restent longtemps, plus ils deviennent difficiles à licencier, le licenciement devenant plus complexe et plus coûteux, à terme, les entreprises disposent de personnes peu mobiles, aux compétences obsolètes et difficiles à licencier. Dans ces conditions, une entreprise peut avoir intérêt à s'implanter dans un pays non occidental où la population est relativement jeune.

Les changements de modes de vie peuvent avoir aussi un impact important sur le dynamisme des entreprises. À cet égard, les transformations des modes de vie des Japonais n'ont-elles pas été l'une des composantes de la crise qui a affecté le Japon au cours de la dernière décennie ? L'économiste japonais Masahiko Aoki notait que le fonctionnement des organisations japonaises des années 1980, basé sur la solidarité et l'ostracisme qui puise ses sources dans la civilisation japonaise, avait eu un impact positif sur les résultats des firmes japonaises. Or, entre les décennies 1980 et 1990, beaucoup de choses ont évolué au Japon. En même temps que l'individualisme progressait, l'attitude par rapport aux loisirs et au travail évoluait et l'efficacité des entreprises nippones s'altérait. Par exemple, la firme Sony fait aujourd'hui bien triste figure par rapport au Sony des années 1970-1980. On peut alors se demander s'il n'y a pas de lien de corrélation entre l'évolution de la société japonaise et les performances de ses entreprises. Il n'est pas sûr que le Japonais consacre autant de temps et d'efforts à son entreprise. Imitant le mode de vie occidental, celui-ci tend par exemple à prendre plus de vacances et par conséquent à travailler moins.

4 Les risques technologiques

Les risques technologiques correspondent à l'ensemble des risques industriels, nucléaires et biologiques. Ils concernent principalement les entreprises présentes dans les domaines d'activités suivants : les industries chimiques, les élevages intensifs ou les activités de traitement des déchets.

Les défaillances les plus célèbres sont celles de l'usine de Seveso en 1976, des centrales nucléaires de Tchernobyl, de l'usine chimique de Bhopal, de l'usine AZF ou de la centrale nucléaire de

Fukushima, au Japon. Elles ont des conséquences matérielles et surtout humaines considérables.

Tableau 1.2 — Les accidents industriels majeurs les plus marquants depuis Seveso

Lieu	Date	Nature de l'accident	Nombre de morts
Seveso (Italie)	1976	Fuite de dioxine	Inconnu
Three Miles Island (EU)	1979	Une partie de la centrale nucléaire a fondu	Inconnu
Bhopal (Inde)	1984	Fuite de gaz toxique	6 500
Tchernobyl (Russie)	1986	Explosion du cœur d'une centrale nucléaire	31 morts (directs), des milliers par contamination
Rio de Janeiro (Brésil)	1998	Explosion d'une usine de feux d'artifice	19
Toulouse (France)	2001	Explosion d'un stockage d'ammonitrates	31
Golfe du Mexique	2010	Explosion de la plate-forme pétrolière	11 morts
Fukushima (Japon)	2011	Explosion au sein d'une centrale nucléaire provoquée par un tremblement de terre	Inconnu

En raison des drames produits, les sites à risques technologiques sont recensés depuis une vingtaine d'années. Les entreprises doivent impérativement obtenir une autorisation pour réaliser leur activité. En France, en 2001, 64 600 établissements bénéficient ainsi d'une autorisation. Parmi ces 64 600, 1 239 sont considérés comme très dangereux, soit 2 % des établissements d'après le classement Seveso, classement recensant au niveau européen les établissements les plus dangereux.

Par ailleurs, il faut savoir que depuis le 3 février 1999, ce classement est modernisé et remplacé par la Directive 96/82/CE du Conseil du 9 décembre 1996, dite Seveso II. Seveso II concerne principalement les établissements disposant de substances dangereuses, telles que des produits chimiques, des hydrocarbures, des produits phytosanitaires ou encore des explosifs. Seveso II a un intérêt par rapport à Seveso puisqu'elle met l'accent sur les dispositions de nature organisationnelle que doivent prendre les exploitants de ces établissements en matière de prévention des accidents majeurs.

En effet, il est apparu qu'une grande partie des risques était liée à des défaillances humaines ou des anomalies d'organisation. Selon les données du ministère de l'Écologie et du Développement durable, ces défaillances humaines et anomalies d'organisation seraient, en France en 2003, à l'origine de respectivement 28 % et 42 % des accidents chimiques, 35 % et 24 % de ceux touchant les industries alimentaires.

Par conséquent, la maîtrise des risques industriels nécessite le contrôle de l'organisation du travail dans les entreprises. C'est en ce sens que la réglementation Seveso II attire l'attention sur la nécessité de mettre en place un système de gestion de la sécurité, intégrant la mise en œuvre de procédures, la définition d'une organisation et des formations qui permettent de prévenir et de faire face à des accidents majeurs.

Section 2 LES RISQUES DES ANNÉES 1990-2010

À la fin des années 1990, les entreprises américaines, asiatiques, européennes et même africaines font face à la montée en puissance de risques qui n'avaient qu'une place mineure parmi l'ensemble des risques, une décennie plus tôt. De grands groupes ne sont plus seulement déstabilisés par les risques politiques, économiques, socioculturels et technologiques que nous avons décrits précédemment, mais également par l'émergence de nouveaux risques, tels que le développement de la cybercriminalité, la multiplication de plaintes pour harcèlement, le terrorisme, l'insécurité dans les entreprises ou encore la mauvaise santé de leur personnel.

Ce qui nous importe ici est de définir précisément les contours de ces nouveaux risques et de tenter de comprendre les raisons de leur apparition. En ce sens, d'après nous, les entreprises ont à prendre en compte avec plus de sérieux deux nouvelles formes de risques : d'une part les risques physiques et moraux, et d'autre part les risques informationnels, les uns et les autres en venant généralement à interagir.

1 Les risques physiques et moraux

Tout homme a le droit à la sécurité, à la dignité et à la santé. Ces droits qui correspondent aux Droits de l'homme sont fondamentaux à toute organisation humaine si celle-ci souhaite survivre. Or, pendant longtemps, les entreprises se sont peu intéressées à cette question, soit se reposant sur l'État, soit outrepassant dans certains cas les règles sociales les plus élémentaires.

Ce n'est qu'à partir des années 1990, que cette question leur est apparue problématique. En effet, à partir de ce moment-là, le nombre de plaintes pour harcèlements physiques ou moraux à l'encontre des dirigeants d'entreprises se multipliait. De même, des affaires importantes (cf. encadré suivant) surgissaient, laissant apparaître que des entreprises de renom recourraient à de la main-d'œuvre infantile. On découvrait enfin que la sécurité ou la santé des employés n'était pas toujours assurée. Les affaires liées à l'amiante sont là pour le prouver.

Dans ce contexte, un grand nombre d'entreprises ont dû réagir. Ainsi, Richard Welford, responsable du programme de gouvernance environnementale des entreprises de l'université de Hongkong, a pu observer auprès de 15 entreprises d'Europe, d'Amérique du Nord et d'Asie, qu'elles s'étaient toutes impliquées activement dans l'élaboration et la mise en œuvre de politiques RSE (Responsabilité sociale des entreprises). Ce type de politique a pour principal objectif de démontrer qu'elles ont à cœur la défense des conditions de travail des salariés et de leur dignité.

On peut également signaler que les entreprises utilisent de manière croissante des moyens de sécurité privés afin d'assurer la sécurité des biens et des personnes de leur entreprise. Agents de sécurité, sécurité électronique, télésurveillance sont maintenant utilisés de manière quasi systématique par les entreprises. De même, de plus en plus d'entreprises sont attentives aux risques de harcèlement et mettent en place avec l'aide des partenaires sociaux des plans d'actions préventives.

Canal+ et le harcèlement

À la suite d'une plainte pour harcèlement moral, qui fut finalement rejetée par la Justice, Canal+ décida de former son équipe de DRH aux aspects juridiques et psychologiques du harcèlement. Une fois la formation effectuée, celle-ci forma à son tour près de 200 managers. D'une part, des séminaires de sensibilisation furent réalisés, afin de s'assurer que ces managers prennent bien la mesure du problème et notamment les sanctions encourues. D'autre part, des formations spécifiques furent entreprises afin d'apprendre à gérer un conflit avec un collaborateur sans que cela prenne un tour personnel ou agressif. Enfin, un programme de vigilance fut élaboré avec un mode d'emploi sur intranet pour tous les salariés qui s'estiment victimes de harcèlement : chacun peut saisir des interlocuteurs à différents niveaux de l'entreprise, et si cela ne suffit pas, s'adresser à un comité de sages extérieurs.

Steinmann L., « Apprendre à mieux gérer son comportement face aux recours en justice », Paris, *Enjeux Les Échos*, p. 60, n° 210, février 2005.

Il est donc clair à travers ce qui vient d'être écrit, que les entreprises sont plus sensibles à la protection des Droits de l'homme qu'elles ne l'étaient dix ans plus tôt. Certes, cette sensibilité n'est pas la même en fonction des entreprises, leur degré d'investissement non plus. De même, de nombreux problèmes restent en suspens, tel que la question de la discrimination. Néanmoins, des avancées notables sont en cours par rapport à la gestion des risques physiques et moraux au sein des entreprises. Partant de ce constat, il est légitime de comprendre pourquoi celles-ci attachent plus d'importance à la sécurité, à la dignité et à la santé de leurs employés.

Première explication, les formes de l'insécurité se durcissent. Les atteintes aux personnes ont augmenté véritablement à partir des années 1990. Si ces atteintes augmentent lentement entre 1950 et 1988, elles prennent un essor quantitatif notable à partir de la décennie 1990. Ainsi en France, on dénombre 116 600 atteintes à la personne en 1988 et 254 023 en 2000[1].

1. Cette tendance est confirmée par la suite, mais la statistique pour mesurer l'évolution des faits constatés d'atteintes volontaires à l'intégrité physique a été transformée. Pour ne pas biaiser la perspective, nous ne présenterons pas les données plus récentes.

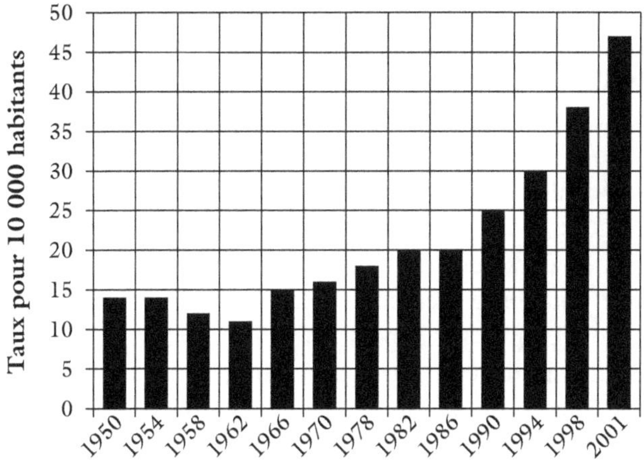

Source : Robert P., *L'insécurité en France*, Paris, «Repères», La Découverte, 2002, p. 21.

Figure 1.1 — Évolution du taux d'atteintes contre les personnes (1950-2001)

Le monde de l'entreprise, comme la société en général, est exposé aux comportements agressifs. Des recherches ont été effectuées démontrant le nombre grandissant de victimes dans le cadre de leur travail. D'après certaines statistiques, 40 % des employés rencontreraient de l'agressivité et de la violence, et 15 % des intimidations sexuelles. Les coupables de ces délits sont soit des clients, soit des collègues. Il est également observé que plus les contacts sont fréquents avec le public, plus le risque devient important pour le travailleur de devenir victime. En effet, d'après une enquête américaine effectuée entre 1992 et 1996, plus de la moitié des individus victimes l'avaient été dans un espace recevant du public (C. Mayhew, *Preventing Client-Initiated Violence : A Practical Handbook.* Canberra : Australian Institute of Criminology, 2000). En France, en 2009, ce ne sont pas moins de 6 693 actes de délinquance avec violence qui ont touché les entreprises, que ce soient des vols à main armée contre des établissements financiers, contre des entreprises de transport de fonds ou encore des vols avec violence contre des établissements commerciaux[1].

1. Source : ministère de l'Intérieur, avril 2010.

La conséquence de cette observation est évidente. Les entreprises sont aujourd'hui obligées de prendre des mesures pour assurer la sécurité de leur personnel sur leur lieu de travail. Quand celles-ci ne parviennent pas à lutter contre l'insécurité, elles n'ont d'autres solutions que d'interrompre leur activité. Dans cette perspective, les multinationales de l'intérim, telles que Adecco ou Manpower, ont été obligées ces dernières années de sécuriser leurs agences en recrutant du personnel de sécurité et en mettant du matériel de surveillance pour faire face aux violences répétées de personnes à la recherche d'emploi sur le personnel de l'entreprise. Certaines agences ont même dû être fermées, comme c'est le cas de plusieurs agences Adecco en région parisienne au cours notamment de l'année 2004.

Tableau 1.3 — Effets possibles d'une exposition au stress ou de différents types de violence

Effets	Stress	Vols et attaques	Harcèlement	Harcèlement sexuel
Sur les individus				
Psychologique et psychosomatique	X	X	X	X
Perte de concentration	X	X	X	X
Détérioration des relations	X	X	X	X
Irritabilité	X	X	X	X
Insûreté	X	X	X	X
Obsession	X	X	X	X
Consommation d'alcool ou de drogue	X	X	X	X
Motivation	X	X	X	X
Insatisfaction au travail	X	X	X	X
Peur		X	X	X
Rupture de contrat			X	X
Suicide			X	
Sur l'organisation				
Absentéisme	X	X	X	X
Turnover	X	X	X	X
Performance	X	X	X	X

☞

Erreur/accident du travail	X	X	X	X
Prime d'assurance		X		
Litige	X	X	X	X
Perte d'habilité	X	X	X	X
Effets sur les témoins		X	X	X

Deuxième explication, les formes de l'insécurité se diversifient. À l'étranger, les entreprises françaises sont à cet égard confrontées à une recrudescence de crimes qu'elles ne connaissaient pas ou peu une décennie auparavant. En Amérique latine, en Afrique ou en Asie, un développement sans précédent du nombre d'enlèvements, d'extorsions et d'actes de piraterie est recensé. Ainsi, par exemple, les détournements de navires et la piraterie seraient en augmentation selon le Bureau maritime international (IMB) puisqu'ils auraient triplé (Source IMB, 2003) dans la dernière décennie et constitueraient un risque lourd, notamment pour les sociétés de transport exerçant en Asie du Sud-Est. De même, les voyageurs d'affaires ou les expatriés sont des cibles privilégiées car ils ont une valeur marchande. Dans cette perspective, le nombre d'enlèvements a progressé de 70 % au cours de la dernière décennie : en 2000, il a été dénombré 15 000 enlèvements impliquant le paiement d'une rançon (Éric Dénécé & Sabine Meyer, *Tourisme et terrorisme*, Paris, Ellipses, 2006). Pour ce qui est du cas de la France, les formes d'insécurité sont tout autres. En effet, en France, les entreprises connaissent aussi des phénomènes d'insécurité même si ces derniers prennent des formes moins excessives. On pense à ce que le politologue Sebastian Roché appelle des « incivilités » qui englobent toutes les petites nuisances, entraînant rarement des incriminations pénales et qui sont pourtant insupportables. Il s'agit d'actes de vandalisme, de dégradations ou du refus des codes de « *bonnes manières* ». Ils créent davantage un sentiment d'insécurité chez les individus qu'une augmentation du nombre des délits.

Ces incivilités ne pèsent lourdement sur les entreprises que depuis quelques années. Ainsi, on se rend compte que ce sont les secteurs employant de la main-d'œuvre peu ou pas qualifiée qui rencontrent le plus de problèmes : BTP, la grande distribution, le marketing téléphonique, la logistique, la restauration, l'hôtellerie, et même l'automobile. En effet, pour faire face aux commandes, les constructeurs ont largement fait appel à l'intérim, sans se montrer sourcilleux dans la sélection. Certains constructeurs se seraient alors plaints d'actes d'incivilités en tout genre : affrontements entre bandes, altercations dans les ateliers, vols et dégradations.

Troisième explication, l'absence de prise en compte de la santé, de la dignité et de la sécurité des salariés a un coût de plus en plus élevé. D'une part, parce que les entreprises constatent depuis ces dernières années que l'insécurité au travail, la mauvaise santé ou des mauvais traitements ont un impact négatif fort sur l'activité économique de l'entreprise. En Afrique, par exemple, les grands groupes se sont rendu compte que la démultiplication des morts par le virus du sida (Debaswana, la plus grande société de diamants du Botswana, a vu par exemple le nombre de décès dus au sida tripler en son sein entre 1996 et 1999) avait pour conséquence une perte de savoir-faire, une baisse du moral des salariés et de la productivité. Dans ce contexte, de grandes entreprises, telles que Coca-Cola, DaimlerChrysler ou de Beers se sont engagées, depuis 2003, à payer les traitements pour leurs salariés et pour leur famille (Belot L., « Le sida, un risque croissant pour les entreprises en Afrique », *Le Monde*, 21.05.2003).

D'autre part, parce que les conséquences juridiques peuvent être extrêmement onéreuses. Une entreprise qui ne respecte pas les droits du travail, qui pratique la discrimination sexuelle ou encore qui ne prête pas assez attention à la sécurité de ses salariés risque de voir ces derniers l'attaquer en justice. À ce titre, Wal-Mart, le géant américain de la distribution, doit actuellement faire face à la plus grande plainte collective jamais déposée aux États-Unis pour discrimination sexuelle. Autre exemple, la Direction des constructions navales (DCN) a appris à ses dépens qu'une entreprise ne doit pas sous-estimer les risques d'un attentat lorsqu'elle envoie du personnel à l'étranger. En effet, suite à l'attentat de Karachi (Pakistan), le 8 mai 2002, qui a entraîné la mort de onze de ses salariés qui étaient là-bas en mission, les familles des victimes ont saisi le tribunal des Affaires sociales de la Manche d'une action en reconnaissance de faute inexcusable et ont obtenu gain de cause, les juges ayant considéré que : « *compte tenu des informations dont elle disposait à l'époque, la DCN aurait dû avoir conscience des risques majeurs d'un attentat pouvant être perpétré contre ses salariés* » (F.H., « La DCN condamnée dans l'attentat de Karachi », *La Tribune*, 06.02.2004).

Enfin, il peut y avoir un coût en termes d'image. Une entreprise qui néglige les droits fondamentaux, risque de voir sa réputation ternie, et le public se détourner de ses produits. C'est particulièrement notable pour les grandes marques qui doivent en cas de négligence adopter une stratégie de reconquête d'image particulièrement coûteuse (cf. encadré suivant).

La responsabilité morale des multinationales

1991 : l'affaire Levi's

À la suite des plaintes d'associations humanitaires, le gouvernement américain ouvre une enquête sur les conditions de travail abusives dans des usines textiles de l'île de Saipan, dans l'océan Pacifique, où sont fabriqués des jeans Levi's. Le groupe américain se dote, en 1992, d'un code de « bonne conduite sociale » stipulant que ses partenaires doivent avoir « des standards éthiques compatibles avec ceux de Levi's ». Pour la première fois, une multinationale reconnaît une part de responsabilité dans l'attitude de fournisseurs étrangers. Après cette affaire, des Organisations non gouvernementales (ONG) américaines mobilisent l'opinion, notamment contre Nike et Reebook, qui adoptent des codes éthiques. La mort de 87 salariés dans une usine chinoise de jouets en 1993 déclenche une campagne syndicale en Italie. En novembre 1997, la société italienne Artsana – qui commercialise les jouets de la marque Chicco – se dote d'un code de conduite. Globalement, au cours de la décennie, plus de 700 entreprises vont adopter de tels codes.

1996 : l'apparition des codes de bonne conduite type

Le premier est publié, à Bruxelles, par l'International confederation of free trade union (ICFTU). Il s'inspire des cinq droits fondamentaux de l'homme au travail édictés par l'Organisation internationale du travail (OIT) : interdiction du travail des enfants, interdiction du travail forcé, non-discrimination des salariés, libertés syndicales et liberté de négociation de conventions collectives. Aux États-Unis, le Worldwide responsible apparel production (WRAP), qui réunit les grands acteurs de l'industrie textile, fait de même. Par ailleurs, trois initiatives, qui réunissent ONG, employeurs et salariés, se distinguent : SA 8 000, une norme qui se veut l'équivalent social de la norme qualité ISO 9 000, est créée en 1997 par le Social accountability international ; The Fair labour association, initiée par le président Clinton en 1996, aboutit, en 1997, à un code de conduite type, tout comme l'Ethical trading initiative (ETI) au Royaume-Uni.

1999 : le Global compact des Nations unies

Cette initiative énonce une liste de neuf principes sociaux et environnementaux que les sociétés s'engagent à suivre (respect des Droits de l'homme, interdiction du travail forcé et du travail des enfants, développement d'une politique environnementale, recherche de technologies moins polluantes...). Actuellement, près d'un millier d'entreprises y ont adhéré. Mais cet engagement volontaire n'implique aucun contrôle. Pour la première fois, en janvier 1999, une plainte en nom collectif est déposée devant les tribunaux américains au nom de 50 000 salariés, majoritairement chinois, d'usines textiles de Saipan, qui exigent réparation pour mauvais traitements et le versement de salaires impayés. Un procès rendu possible par le statut particulier de l'île, sous tutelle américaine. Quatorze groupes textiles (dont Calvin Klein, Ralph Lauren, Tommy Hilfiger, Donna Karan, Liz Claiborne...) acceptent un règlement de plusieurs millions de dollars pour mettre fin à cette action judiciaire. Cette même année, Nike initie, en partenariat avec la Banque mondiale, la première alliance d'entreprises, dénommée Global Alliance, qui a associé, depuis, Gap et Inditex (Zara). Son objectif est d'améliorer les conditions de vie des salariés ainsi que des communautés environnantes. En deux ans, plus de 10 000 salariés de sous-traitants ont été interrogés anonymement en Indonésie, au Vietnam, en Thaïlande, en Inde et en Chine. Ces enquêtes, rendues publiques, ont confirmé l'existence de violences physiques et sexuelles.

2001 : l'essor des audits sociaux

Initiés par les grands groupes américains, premiers visés par les campagnes médiatiques (Walt Disney, Mc Donald's), ils sont désormais utilisés par les industriels et les distributeurs européens. En 2001, le gouvernement français innove en obligeant, dans le cadre de la loi sur les Nouvelles régulations économiques (NRE), les entreprises à publier des indicateurs « sociétaux » concernant notamment les conditions de travail chez leurs sous-traitants.

☞ **2003 : le texte de la sous-commission des Droits de l'homme des Nations unies**

Voté à l'unanimité mais sans aucune valeur juridique, ce texte propose que les entreprises soient désormais sujettes à des contrôles réguliers et des vérifications par les Nations unies ou d'autres mécanismes nationaux.

Source : Laure Belot, « Les multinationales reconnaissent une responsabilité morale », *Le Monde*, 25 septembre 2003.

En résumé, les entreprises prennent en compte de manière grandissante les risques concernant la personne humaine, sa dignité, sa santé et ses droits. La cause majeure provient du fait que ces risques s'affirment de plus en plus avec acuité. L'insécurité au travail, le recours plus systématique de la part des employés aux structures syndicales ou judiciaires quand ils rencontrent des problèmes avec leur employeur obligent les entreprises à être très attentives à ces nouveaux risques. En effet, toute faute d'attention sur ces sujets peut leur coûter cher. Toutefois, ces risques ne sont pas les seuls à être des risques émergents pour les entreprises. Tous les risques liés à la gestion de l'information méritent également que les décideurs s'y intéressent plus sérieusement, comme nous allons pouvoir le constater.

2 Le risque informationnel

L'information est centrale au sein des entreprises. Les informations technologiques, stratégiques ou accumulées par l'expérience (construction d'un réseau de partenaires, expertises…) construisent l'avantage spécifique d'une firme. Néanmoins, la valorisation de l'information est complexe. Faut-il la protéger ou la partager ?

Au sein de l'entreprise, la transmission de l'information permet d'élaborer des projets. Si les équipes hésitent à échanger des informations sur un projet donné, il y a peu de chances que la réalisation du projet se fasse dans les meilleures conditions possibles. Mais inversement, plus la connaissance de l'information est partagée, plus il y a de risques que cette information soit transmise à des personnes mal intentionnées. Autrement dit, l'information est valorisée si elle est échangée, mais plus elle est échangée, plus elle risque de profiter à des parties extérieures concurrentes de l'entreprise.

Bien évidemment, le caractère central de l'information n'est pas inédit. L'information et le traitement apporté à l'information ont toujours été primordiaux. Par conséquent, on peut se demander en quoi le risque informationnel constitue une nouveauté pour l'entreprise. Pour répondre à cette question, il faut avoir à l'esprit qu'avec l'arrivée des nouvelles technologies, les chances de partage et donc de risque de préemption de l'information par un acteur malveillant ont augmenté. Rappelons pour mémoire que les nouvelles technologies se sont développées dans les pays de l'OCDE à partir des années 1990. Même aux États-Unis, le volume des équipements et des logiciels informatiques était faible dans les années 1980. D'après les sources du BEA, le volume des équipements et logiciels informatiques en base 100 en 1996 était de 32 en 1985, 48 en 1990, 85 en 1995 et 203 en 2000.

Or, l'essor des nouvelles technologies à partir du milieu des années 1990 et surtout à partir du début du vingt-et-unième siècle a généré un certain nombre de nouveaux risques informationnels. Un rapport du Clusif (Club de la sécurité des systèmes d'information français) constate une montée en puissance de la cybercriminalité touchant les entreprises sous différentes formes. De l'employé qui fait du téléchargement illicite au sein de son entreprise au développement de virus (Sobig, Bugbear, Slammer, Stuxnet, etc.) ou à l'appropriation de données confidentielles, obtenues en soudoyant du personnel d'entreprise ou en piratant des bases de données, les problèmes apparaissent nombreux, coûteux et complexes à résoudre (« La cybercriminalité a augmenté de façon inquiétante en 2003 », *Le Monde*, 14.01.04). D'après l'Association des utilisateurs professionnels des nouvelles technologies de l'information (AFUU), début 2000, 86 % des grandes entreprises communiquant par des moyens électroniques auraient subi des dommages. Autrement dit, l'outil informatique se révèle pour l'entreprise un outil très puissant de recherche d'informations sensibles et bien faible pour garantir le secret des informations stratégiques.

La sécurité informatique ou l'explosion du piratage

La délinquance sur Internet augmente rapidement, et pourtant toutes les dimensions de cette menace ne sont pas encore prises en compte. Le fabricant américain de logiciels antivirus Symantec indique ainsi avoir répertorié 2 249 déficiences dans le système logiciel. Les fabricants ont en règle générale besoin d'environ trente jours pour pallier une défaillance du dispositif de sécurité. Trois jours sont en moyenne nécessaires pour mettre au point un programme capable de résoudre ce genre de problème. Cela signifie que les pirates disposent en moyenne de 28 jours pour exploiter les données sur les logiciels défaillants. Le Centre for Security Studies (CSS) de l'EPF de Zurich a constaté que les coûts par attaque informatique se sont envolés entre 2004 et 2005, passant de 51 000 dollars à 300 000 dollars.

D'après les estimations d'experts, les pertes occasionnées pour l'économie internationale du fait des virus, spams et autres actes de piratage se chiffrent chaque année à 200 milliards de dollars. À ce rythme, celles-ci seront bientôt supérieures aux dépenses mondiales de matériel informatique. Ces attaques sont donc particulièrement préoccupantes et il ne paraît pas alors surprenant que les responsables informatiques fassent de la sécurité des informations leur priorité numéro un.

Source : Crédit Suisse, *Lettre trimestrielle*, juillet 2007, p. 3.

Le cabinet de conseil Ernst & Young a ainsi retenu 8 catégories de risques informationnels :

- L'utilisation de nouveaux outils ou techniques insuffisamment maîtrisés (ERP, e-commerce, Internet).
- La dépendance croissante de l'entreprise vis-à-vis de son système d'information ou du système d'information de ses partenaires.
- De nouvelles problématiques de sécurité informatique suite à l'interconnexion des réseaux et l'apparition d'Internet.
- La recrudescence de cas de malveillances et de fraudes informatiques.
- Une maîtrise et une maintenance des systèmes rendues difficiles par l'hétérogénéité et la complexité des technologies utilisées.

– Des difficultés à appréhender l'automatisation des processus opérationnels et la dématérialisation des échanges entre partenaires commerciaux.
– La mise en œuvre d'un *Entreprise resource planning* (ERP) sans véritable réorganisation des processus opérationnels.
– Le recours à la sous-traitance et l'externalisation de certaines parties des fonctions informatiques.

Il convient d'ajouter à l'ensemble de ces risques informationnels provoqués par l'essor des nouvelles technologies, le risque lié à la place prise par les médias dans l'activité économique des entreprises. En effet, l'impact des mass média sur l'activité des entreprises s'est renforcé avec le développement et la sophistication des supports d'information. On peut citer pour bien comprendre notre propos l'exemple des révélations du journal *L'Express*, le 16 mars 2000, concernant la multinationale Yahoo. Yahoo, l'un des acteurs les plus célèbres du réseau Internet, a vu son image se dégrader en France pour avoir proposé sur son site d'enchères la vente de reliques nazies et hébergé des sites faisant l'apologie de l'antisémitisme. Cette information avait été relayée sur différents sites concurrents, entraînant pendant un temps une désaffection de ce serveur.

Repère — **Wikileaks pourrait-il dévoiler l'intelligence de votre entreprise ?**

Julien Assange, dirigeant de Wikileaks, a fait des émules un peu partout dans Le Monde, et son combat mené contre le secret d'État au nom de la vérité absolue trouve des échos. Le collectif Anonymous s'est notamment inscrit dans le sillage du fondateur de Wikileaks pour défendre son initiative. Ainsi, lorsque les sociétés Visa, MasterCard et Paypal ont décidé de bloquer les versements à Wikileaks, leurs sites ont été les cibles d'attaques DDos d'Anonymous, qui, depuis, a décidé de se lancer dans cette quête insatiable d'informations cachées au grand public. Une illustration de leurs initiatives a été apportée par le magazine « Complément d'enquête » sur France 2, dans lequel un membre d'Anonymous a récupéré plusieurs milliers de documents confidentiels appartenant à Thales qu'il promettait de rendre public prochainement, avant de pénétrer en direct dans le site du ministère français de la Défense auquel Thales a vendu un logiciel de cybersécurité. Les membres d'Anonymous ont également déployé des méthodes beaucoup plus élaborées que le DDos, notam- ☞

☞

ment en exploitant une faille dans le système de gestion de contenus du site de l'entreprise HBGary, société de sécurité qui était entrée en guerre contre Anonymous et Wikileaks. La boite mail du P-DG, Aaron Barr, a été piratée et révélée au grand jour, poussant ce dernier à démissionner. Les entreprises sont donc autant ciblées que les États par les « hacktivistes ». Wikileaks a promis de cibler en 2011 une grande institution financière et Anonymous a promis de s'en prendre aux compagnies pétrolières, aux laboratoires pharmaceutiques et aux entreprises d'armement... il y a donc tout lieu de les prendre au sérieux. En effet, comme le précise David Gordon et Sean West, membres d'Eurasia Group, « *l'attrait de révéler des informations pour le simple plaisir de le faire fera sûrement des émules, qui emploieront des techniques de plus en plus sophistiquées pour obtenir le plus d'informations possibles sans avoir besoin de les comprendre avant de les rendre publiques* ». Déjà d'autres groupuscules apparaissent tels que Magnanimous... le début d'une longue série sans doute.

Dans ce contexte technologique en pleine mutation, l'entreprise est donc confrontée à des risques inédits. Si elle pouvait estimer les conséquences d'un risque politique ou d'un risque industriel majeur, en revanche, il est difficile d'appréhender et d'évaluer les conséquences d'un risque informationnel. Comment quantifier les pertes financières liées à une défaillance du système d'information alors que le management est peu sensibilisé aux risques opérationnels induits par le système d'information ? De quelle manière l'entreprise va-t-elle communiquer vis-à-vis d'informations diffusées par les mass médias et quel va être l'impact en termes d'image pour l'entreprise ?

Parmi la palette des risques identifiés, le risque informationnel prend donc une place accrue pour les dirigeants d'entreprise. Il s'agit maintenant d'ajouter que ce n'est pas un risque neutre. Il a tendance à se combiner avec les autres risques présentés précédemment.

3 L'effet « avalanche »

Brian Arthur, économiste américain, a développé une notion intéressante pour appréhender le point que l'on souhaite aborder, à savoir la notion de « *self reinforcing mechanisms* », que l'on pourrait traduire par processus d'autorenforcement ou effet avalanche. Selon lui, certaines causes viennent se combiner et se cumuler, pour aboutir à des effets difficiles à estimer et qui, une fois engagés, sont difficiles à arrêter. D'après cette perspective, les deux formes de risques présentées ci-dessus (risque lié à la sécurité et risque informationnel) sont dangereuses pour l'entreprise, et de manière générale pour la société, car leur rencontre peut être brutale.

Ainsi, par exemple, les nouvelles technologies favorisent le regroupement de réseaux malveillants et notamment le crime organisé. Le réseau Al Qaida n'aurait pas pu atteindre son objectif de détruire les tours du World Trade Center sans que les différentes ramifications de ce réseau ne soient reliées informatiquement les unes aux autres à travers le monde. Le développement du web permet aussi bien aux particuliers qu'à la criminalité organisée de communiquer au-delà des frontières. Les attentats du 11 septembre 2001 ont été rendus possibles par la mise en réseau de terroristes se trouvant au Canada, en Angleterre, en Arabie saoudite ou en France. De même, la délinquance financière, la « délinquance en col blanc », s'est appuyée sur la dématérialisation des transactions financières, dématérialisation qui s'explique par trois phénomènes couplés : la libéralisation-déréglementation, la mondialisation-intégration des marchés et l'informatique nouvelle technologie.

Par ailleurs, la combinaison de ces deux types de risques peut produire d'autres sortes de difficultés. Pensons à l'impact que peuvent avoir les médias lorsqu'ils prennent connaissance d'agissements douteux, tels que des actes de racisme, de harcèlement ou le recours à des enfants comme main-d'œuvre par de grandes entreprises. Des entreprises telles que Nike et Reebook ont été dans l'obligation d'investir des millions de dollars pour restaurer leur image à coût de campagnes publicitaires, d'audits sociaux et de mise en œuvre de chartes éthiques parce qu'ils étaient accusés d'exploiter des enfants dans la confection de leurs chaussures de sport. Là à nouveau, sous une forme quelque peu différente, les risques informationnels et les risques liés à une mauvaise prise en compte des droits de la personne sont susceptibles d'avoir des conséquences que les entreprises n'avaient pas imaginées.

L'effet avalanche

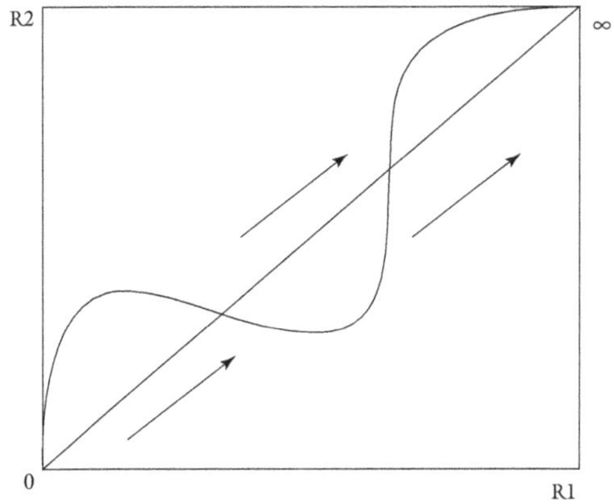

Soit R1 et R2 deux types de risques. Supposons que R2 apparaisse au temps 0 et que ce phénomène prenne de l'ampleur puis peu à peu s'épuise. Le relais est pris par R1 qui vient revaloriser R2 puis s'épuise mais redonne de la force à R1 et ainsi de suite. Par exemple, Buffalo Grill s'inquiète de la qualité de sa viande dans un restaurant, puis commence peu à peu à s'interroger sur la qualité de celle-ci dans les autres restaurants, mettant en alerte la direction (exemple de R2). Celle-ci fait le nécessaire pour régler le problème. À ce moment précis, les médias sont mis au courant et en font grand cas (exemple de R1). Au bout d'un certain temps, les médias ont suffisamment émis l'information et passent à d'autres informations. Le battage médiatique transforme peu à peu la nature de R2. Les consommateurs ont un doute sur la qualité de la viande alors que le nécessaire a été fait *a priori* par la direction pour assurer que la qualité de la viande soit irréprochable. Peu à peu, les consommateurs font défection et l'enseigne voit son activité fortement réduite, obligeant la direction à communiquer pour apaiser les craintes.

Au total, ces risques « nouvelle génération » posent deux problèmes rencontrés à une moindre échelle par les risques tirés par le modèle PEST. Premièrement, ils sont difficiles à prévoir. À l'inverse des risques politiques que rencontre un pays, il est plus difficile d'estimer la probabilité qu'un acte terroriste soit commis. Deuxièmement, ils prennent vite de l'ampleur et déstabilisent très rapidement les entreprises. Pour une remise en cause de ses normes sanitaires,

Buffalo Grill a rapidement été mis en danger financier. Bref, la difficulté à estimer et à répondre de manière adaptée à ces risques laisse envisager la nécessité de proposer des dispositifs d'estimation et de traitements des risques plus poussés que dans les années 1980. Or, comme nous le verrons dans les prochains chapitres, l'existence de ce type de dispositifs met du temps à voir le jour.

CONCLUSION

De cette exploration des risques en entreprise à la fin du XXe siècle et au début du XXIe siècle, plusieurs traits ressortent. Si l'existence du risque est loin d'être inédite ; en revanche, le nombre de risques, leur caractère polymorphe et leur capacité à se renforcer les uns par rapport aux autres sont une nouvelle donne.

C'est peut-être la délinquance, voire la violence, qui pénètre les entreprises, et, de manière plus large les organisations, et dont la nature est amplifiée et valorisée par les nouvelles technologies, qui déstabilisent le plus le monde de l'économie. En effet, ce monde que certains présentent comme aseptisé s'avère, au même titre que le reste de la société, confronté à une rupture de civilité. Du harcèlement en entreprise à l'attaque par des avions de son lieu de travail, la diversité du champ de malveillance en entreprise entraîne des angoisses plurielles de la part de ceux qui y travaillent.

Le fait le plus inquiétant est l'impossibilité de prévoir certains événements graves. Un économiste du début du XXe siècle, Frank Knight distinguait le risque de l'incertitude, le premier étant probabilisable à l'inverse du second. En effet, on peut estimer les chances d'un tremblement de terre sur la côte californienne, on ne pouvait pas estimer les chances qu'une organisation terroriste planifie un attentat du type du 11 septembre 2001. Or ce type d'événements imprévisibles a de fortes chances de se réaliser sans que l'on puisse les prévoir. D'une société du risque, on passerait à une société d'incertitude qui véhicule un sentiment renforcé de peur.

Face à cette transformation sociétale, les entreprises n'ont d'autre choix que de s'organiser et de s'adapter à ces nouvelles difficultés. Le chapitre suivant va être l'occasion de présenter le réseau d'acteurs qui véhiculent ces risques ou au contraire qui tentent de les prévenir et de les combattre.

L'essentiel

Les entreprises sont confrontées à diverses natures de risques : politiques, économiques, sociologiques, technologiques et immatériels (analyse PESTI).

- Risques politiques **(P)**
- Risques économiques **(E)**
- Risques socio-culturels **(S)**
- Risques technologiques **(T)**
- Risques immatériels **(I)**
  - Risques physiques et moraux
  - Risques informationnels

Schéma récapitulatif 1 – *Identification des risques : modèle PESTI*

Phénomène nouveau, ces risques ont tendance à se combiner, à se renforcer les uns les autres pour donner naissance à des risques plus extrêmes que par le passé. Les caractéristiques de ces nouveaux risques sont alors difficiles à traiter avec les outils traditionnels de prévention et de protection des risques.

Questions

1. Qu'est-ce qu'un risque collectif ?
2. Quelles sont les composantes du risque politique ?
3. À quoi correspond un risque technologique ?
4. Quels sont les accidents industriels majeurs les plus marquants depuis Seveso ?
5. Pourquoi les entreprises attachent-elles de plus en plus d'importance aux questions de sécurité ?
6. Quelles sont les différentes catégories du risque informationnel ?
7. Qu'est-ce que l'effet avalanche ?

Chapitre 2 Les parties prenantes aux risques

Les risques sont souvent le contrecoup de l'activité humaine. Même les risques dits naturels peuvent avoir pour germe l'action de l'homme sur son écosystème. Dans cette perspective, les spécialistes recourent à la notion « *d'incertain endogène* » pour exprimer l'idée que l'activité humaine influence les écosystèmes planétaires, même si l'ampleur des effets sur le climat est encore mal connue.

Par conséquent, l'être humain est certainement le premier danger pour lui-même et en même temps celui qui peut le mieux se prémunir contre ses propres actions. Remarquons que même dans l'action de protection, l'homme peut abuser de son statut de protecteur pour nuire, ce qui conduisit le philosophe latin Juvenal à se poser la question suivante : *quis custodiet ipsos custodes*, c'est-à-dire qui garde les gardiens ?

En d'autres termes, que ce soit dans notre société en général, ou dans les entreprises en particulier, l'individu peut être producteur de risque ou protecteur ou les deux à la fois. Or pour combattre le risque, il s'agit non seulement de définir les risques, ce que nous avons fait en première partie, mais aussi d'évaluer quels en sont les producteurs et les gestionnaires.

Avec le développement de nouveaux risques, les missions des parties prenantes ont changé. Ils ne réalisent plus les mêmes fonctions et ils n'ont plus nécessairement les mêmes compétences. De surcroît, en vingt ans, la production et la gestion du risque se sont à la fois institutionnalisées, complexifiées et démocratisées.

Section 1 LES PRODUCTEURS DE RISQUES

De l'informaticien qui pirate le progiciel d'une entreprise au dirigeant qui harcèle ses employés en passant par une personne qui pratique la corruption pour le compte de son entreprise, il existe *a priori* peu de points communs à l'ensemble de ces producteurs de risque. Les infractions ne sont pas les mêmes. Les causes de ces infractions sont de nature différente.

Si la nature de ces infractions et leur origine peuvent être très diverses, il est, néanmoins, possible d'établir différentes catégories de producteurs de risques. Pour ce faire, nous définirons tout d'abord les différents profils de producteurs de risques. Nous étudierons ensuite la provenance de ces producteurs de risque. Sont-ils forcément salariés de l'entreprise ? Existe-t-il des personnes ou entités extérieures qui représentent un risque pour l'entreprise ?

1 Leur profil

Les producteurs de risques peuvent avoir trois types de profils différents. Ils peuvent être délinquants avérés, spéculateurs ou encore être négligents. En fonction de leur nature, le passage à l'acte n'est pas conditionné par les mêmes causes et par conséquent n'entraîne pas nécessairement les mêmes dispositifs pour les empêcher d'agir.

1.1 Le délinquant

Le *délinquant* est celui qui agit contre l'entreprise de manière illégale. Par exemple, avec le développement informatique, trois profils de délinquance sont identifiés. D'un côté, on retrouve le « *hacker* », spécialiste informatique qui se sert de ses connaissances pour s'introduire illégalement dans des sites et des systèmes informatiques. D'un autre côté, il existe le « corsaire » qui pratique le piratage pour le compte d'un État. Enfin, il y a les « *phreakers* », spécialisés dans le piratage des lignes téléphoniques et les détournements d'abonnement dans le but de téléphoner gratuitement. Parmi les actes malveillants des « pirates », citons le détournement de sites, le vol des moyens de paiement et l'espionnage industriel et militaire. Par rapport à ce dernier cas, Microsoft, qui devrait être la firme la mieux protégée informatiquement, a été piratée pendant plus d'un mois. Les pirates avaient accès à des lignes de programmes permettant de créer à volonté des produits informatiques concurrents.

1.2 Le spéculateur

Le *spéculateur* est un amoureux du risque. Son comportement est à l'opposé de celui du gestionnaire du risque. Il n'agit pas forcément de manière illégale mais il peut agir au détriment de l'entreprise. Ainsi les décideurs d'une entreprise peuvent être tentés d'investir de manière massive dans des domaines d'activité alors que le potentiel de ces activités est mal connu et mal estimé, en espérant que leur stratégie soit payante à long terme. Or l'appât du gain ici incertain peut entraîner la perte de l'entreprise. À cet égard, lorsque Jean-Marie Messier procéda pour le compte de Vivendi Universal à des rachats d'activités importants dans les médias (Canal+, L'Expansion...) en vue de faire converger au sein d'un même groupe les activités de contenus et les activités d'accès, il prit un risque démesuré sans que personne ne fût en mesure de l'arrêter.

1.3 Le négligent

Le *négligent* est celui qui met en danger d'autres personnes sans en avoir eu l'intention. En droit, la négligence est le domaine du droit de la responsabilité délictuelle qui a trait à une conduite ne répondant pas à la norme jugée acceptable par une personne raisonnable. Un fumeur laisse tomber son mégot en forêt et provoque un incendie ou encore le directeur n'est pas assez attentif à certaines informations relevant de la sécurité des personnes émanant de son personnel de proximité, etc. À titre d'exemple, l'incendie qui s'est produit dans le tunnel du mont Blanc suite à l'explosion d'un camion en 1999 faisant 39 victimes, est certainement dû à une suite de négligences. Notamment, il semblerait que les différents dirigeants de l'ATMB, société d'exploitation du tunnel, n'ont accordé que peu d'importance aux rapports de sécurité réalisés. Or ces rapports insistaient bien sur la vétusté du tunnel et les problèmes de sécurité qui se posaient.

À chaque profil, la prévention qui y est associée est différente. Pour démotiver le passage à l'acte du délinquant, le législateur va mettre en place des sanctions plus lourdes. Par exemple, au lieu de mettre uniquement une amende au corrupteur, le législateur introduit des peines de prison, qui sont plus dissuasives. Pour calmer les velléités du spéculateur, il s'agit de limiter ses occasions de prendre des risques. Pour éviter que des dirigeants fassent des offres publiques d'achat hasardeuses, les banques prêteuses vont limiter les possibilités de financement. Afin de parer à toute négligence, il s'agit de mettre en place des signaux pour rappeler à la personne d'être prudente, comme mettre des panneaux rappelant l'interdiction de fumer dans certains espaces.

2 Leur provenance

Connaître la provenance du risque permet de définir le management des risques qu'il faut entreprendre. Or la provenance du risque est double. Ce risque peut venir des membres de l'organisation. Dans ce cadre, tout salarié d'une entreprise est potentiellement un risque pour celle-ci. Le risque peut également résulter d'agissements extérieurs à l'entreprise et dans ce cas il peut être le produit d'un individu isolé ou d'organisations concurrentes.

2.1 Les producteurs internes à l'organisation

L'entreprise est constituée de trois partenaires : les dirigeants, les salariés et les actionnaires. Il est important de distinguer ces trois catégories puisqu'elles peuvent avoir des objectifs différents.

En 1932, deux gestionnaires, Berle et Means (Berle A.A., Means G.C., *The Modern Corporation and Private Property*, New York, Mac Millan, 1932) ont constaté que les objectifs des actionnaires et des dirigeants salariés sont différents parce que les premiers privilégient la maximisation des profits tandis que les seconds cherchent à maximiser les ventes globales de l'entreprise afin d'augmenter leur propre revenu et leur prestige.

De même, il existe une différence d'objectifs entre les dirigeants et les autres salariés. Les uns essaient d'obtenir le meilleur rendement de leurs salariés à partir d'un système d'incitations et de contrôles, les autres essaient d'optimiser leur effort en fonction de leur espoir d'avancement.

Par conséquent, en raison de leurs objectifs propres, dirigeants, employés et actionnaires, sont susceptibles de produire des risques différents volontairement ou involontairement.

Dans cette perspective, les cadres dirigeants ne génèrent pas forcément les mêmes risques que les employés de la base. En effet, les dirigeants ayant en charge la stratégie de l'entreprise et sa survie, sont sollicités pour prendre des risques de nature parfois illégale. Par exemple, et paradoxalement, d'un côté les managers de grandes firmes internationales établissent des codes de conduite internes pour faire face à la corruption, et de l'autre, afin de se développer, ils sont eux-mêmes tentés de corrompre les représentants d'autorités étrangères pour remporter des parts de marché.

Il faut savoir que les poursuites pénales pour corruption à l'étranger constituent un risque sérieux. Comme le rapporte Philip Nichols, professeur de droit à la Wharton School, les peines encourues pour infraction à la loi sont sévères. Aux États-Unis, elles vont de l'amende à l'incarcération en passant par l'interdiction d'entrer en affaires avec l'administration américaine. En France, la législation prévoit 15 ans de prison pour certains actes de corruption transnationale. Par ailleurs, le versement de pots-de vin peut aboutir à nuire à l'image de l'entreprise. Endosser l'étiquette de « corrupteur » pour une entreprise peut avoir par la suite des incidences sur ses négociations.

Si les cadres dirigeants sont susceptibles de mettre en péril l'équilibre de l'entreprise, il peut en aller de même pour l'ensemble des salariés qui peuvent chercher à tirer un profit personnel de l'entreprise. De l'employé qui travaille dans une grande surface au cadre supérieur qui travaille pour le compte d'une société informatique, l'un et l'autre sont en capacité de commettre des larcins pour leur compte. Entre 60 et 80 % des actes malveillants proviendraient d'actes commis en interne (Clusif, 2009).

Or ces larcins, additionnés les uns aux autres, peuvent être fort coûteux pour l'entreprise. Ceci est particulièrement vrai aujourd'hui dans un contexte où le développement des systèmes d'information et l'échange de données électroniques facilitent les actes de piratage informatique au sein de l'entreprise.

IBM et le vol de secret industriel

Au début des années 1980, la multinationale américaine IBM a été confrontée à un cas d'espionnage industriel majeur. L'affaire se déroule dans la Silicon Valley. Le cas apparaît grâce à l'intervention d'un employé de la firme. Celui-ci informe la direction qu'il vient d'être contacté par Hitachi, qui est prête à lui acheter cher des secrets appartenant à IBM.

Une investigation est alors diligentée. Pour réaliser celle-ci, le FBI et IBM vont associer leur force au sein d'un cabinet de conseil nommé « Glenmar Associates ». Un agent secret d'IBM s'est fait passer pour l'avocat de la firme qui a offert de vendre des supposés secrets volés d'IBM à Hitachi et Mitsubishi.

L'employé approché va permettre d'aider les services constitués à pénétrer chez Hitachi. Le travail d'enquête conduira à l'arrestation de 21 personnes. IBM mit en place des poursuites judiciaires contre Hitachi et différentes compagnies affiliées à la firme japonaise.

Source : Marx G., "Interweaving of public and private police", *in* C. Shearing et P. Stenning, *Private Policing*, 1987.

Repère — La création du confidentiel entreprise : la réponse à un vide juridique

- Le procès opposant Michelin à un ancien salarié de l'entreprise qui aurait cherché à vendre des secrets de fabrication à l'un de ses concurrents, Bridgestone, a mis en lumière les difficultés rencontrées par le tribunal pour qualifier juridiquement l'atteinte aux intérêts fondamentaux de la Nation. Le recours à l'abus de confiance est le moyen le plus usité par les entreprises pour se défendre contre la compromission des biens immatériels, mais la législation française souffre de nombreux vides juridiques, contrairement à certains pays comme les États-Unis, qui disposent du « Cohen Act ».
- La seule catégorie d'information « privilégiée » dont la détention est passible d'une peine d'emprisonnement concerne le domaine boursier et vise à punir le délit d'initiés depuis 1967. Désormais, notamment grâce au travail de la Délégation interministérielle à l'intelligence économique, une loi reconnaît la notion de secret des affaires dans le droit positif. Le détenteur de l'information (l'entreprise ou les structures de recherche) aura la possibilité d'assurer la diffusion restreinte de certaines de ses informations stratégiques à travers leur classification « confidentiel-entreprise ».

L'actionnaire est également source de risques mais pour d'autres raisons. Étant sur une recherche de bénéfices à court terme, ses décisions sont en mesure de déstabiliser l'entreprise. Ceci est particulièrement vrai depuis les années 1990 et le développement du « *capitalisme actionnarial* ». Comme le remarque D. Plihon, le capitalisme actionnarial correspond au modèle d'un capitalisme qui s'appuie sur les marchés financiers et les investisseurs institutionnels. Les entreprises se financent de plus en plus par appel à fonds propres, c'est-à-dire par une épargne dégagée à la suite de la hausse des profits et, par émissions d'actions en hausse rapide : leur volume a été multiplié par 14 de 1980 à 2000.

Cette évolution a été rendue possible par les nouvelles technologies de l'information et le développement des investisseurs institutionnels, appelés aussi des fonds de gestion collective de l'épargne ou plus prosaïquement des Zinzins. Ce sont les Zinzins (fonds de pension, sociétés d'investissement et compagnies d'assurance) qui détiennent une grande partie du capital des entreprises. Plihon rappelle que la part des actions détenues par les investisseurs institutionnels aux États-Unis est passée de 5 % en 1946 à plus de 50 % en 1996.

Forts de ce constat, les options prises par les Zinzins peuvent ainsi avoir des conséquences considérables. Mécontents de la gestion d'une entreprise, ils ont la possibilité de s'en désinvestir et provoquer sa fragilisation et à terme sa perte. Ceci est vrai au niveau de l'entreprise, il est important de souligner que ceci est également vrai au niveau d'un pays. Les crises, au début des années 2000, de certains pays d'Amérique latine ont été renforcées par la fuite des capitaux d'investisseurs étrangers.

Ainsi, en décembre 2001, l'Argentine a connu une grave crise économique et sociale. Faute d'avoir respecté le programme de réformes économiques dit plan « déficit zéro », le FMI lui a refusé une aide de 1,3 milliard de dollars, après avoir déjà débloqué 20 milliards de dollars durant l'année. La Banque mondiale et la Banque interaméricaine de développement (BID) ont, à leur tour, suspendu le versement de 1,1 milliard de dollars. La conséquence fut la suivante. Pour honorer sa dette extérieure, l'Argentine a dû puiser dans les réserves des fonds de pension. L'Argentine, frappée par quarante-deux mois de récession, se trouva alors en faillite. Dans ce contexte économique et social tendu, les investisseurs étrangers se détournèrent du marché argentin (d'après la Banque mondiale, entre 2002 et 2003, les investissements étrangers en Argentine auraient diminué de plus d'un tiers), entraînant une baisse sensible des flux de capitaux vers l'Argentine et l'aggravation de la crise.

2.2 Les producteurs de risques externes à l'entreprise

Les opérations de malveillance ne sont évidemment pas le seul fait des membres de l'entreprise. Du consommateur qui vole à l'étalage à l'agent de renseignement qui vole un secret au profit d'une autre entreprise, les producteurs de risques externes sont multiples et variés. Signalons neuf catégories d'acteurs n'appartenant pas à l'entreprise et pouvant lui causer du tort :

– les consommateurs ;
– les médias ;
– les administrations ;
– les citoyens ;
– les agences de notation ;
– la concurrence ;
– les fournisseurs ;
– les sous-traitants ;
– les clients distributeurs.

Toutes ces entités sont devenues, au cours de la dernière décennie, des sources de risques extraordinaires. Par exemple, le consommateur, qui dans l'acte d'achat paraissait inoffensif, semble devenu totalement incivil, prêt à en venir aux mains, dès qu'il n'est pas satisfait de la prestation qui lui est offerte.

En outre, le pouvoir de chacune de ces entités s'est renforcé avec l'importance prise par l'information. À ce titre, dès que les médias ou les agences de notation divulguent une information négative sur une entreprise, cette information se répand comme une traînée de poudre. Les conséquences sont souvent néfastes alors même que la véracité de l'information n'a pas été établie.

L'affaire Rodriguez représente un cas symptomatique de ce type de danger. Rappelons brièvement l'affaire. Fin 2002, le journal *Le Point* fait référence à un éventuel lien entre le groupe, fabricant de yachts de luxe, et Peter Morrish, dans des « *mécanismes complexes qui... favorisent le blanchiment d'argent* ». Suite à cet article, l'action chute de 55 euros à 15 euros en très peu de temps, alors que le chiffre d'affaires de la multinationale progressait de 50 % entre 2002 et 2003. Il a fallu attendre le 25 juin 2003 pour que le Tribunal de grande instance de Paris donne raison à l'entreprise lésée par cette annonce.

À cela s'ajoute que, depuis la chute du mur et la fin de la guerre froide, le nombre de producteurs externes du risque s'est accru. D'un côté, un certain nombre d'agents de renseignement qui travaillaient pour des pays se sont reconvertis dans le renseignement économique ; d'un autre côté, l'ouverture des pays de l'Est au capitalisme a permis au crime organisé de prospérer. Ces deux phénomènes viennent renforcer l'idée que le risque ne cesse de se mondialiser et de se complexifier.

Section 2 LES GESTIONNAIRES DU RISQUE

Face à cette diversité de producteurs de risques, se constitue depuis une trentaine d'années un système de réseau d'acteurs de la prévention du risque. Pour que le risque ne se réalise ni se traduise en crise, il est nécessaire que ce réseau d'acteurs s'organise.

Mais avant même que la question de l'efficacité de l'organisation de ce réseau ne se pose, il est nécessaire de connaître les différentes catégories d'acteurs en mesure de participer à la lutte contre le risque. C'est à partir d'une bonne connaissance de ceux-ci que le réseau d'acteurs peut fonctionner dans les meilleures conditions. Autrement dit, cette « *cartographie des parties prenantes* », comme la nomment G. Johnson, H. Scholes et F. Frery (*Stratégique*, Pearson Éducation, 2e édition, p. 483) sert à envisager les possibilités de gérer les réactions de chacun et d'identifier le potentiel de réactivité par rapport aux risques qui peuvent surgir.

C'est dans cette perspective que nous allons présenter cinq formes de protagonistes en mesure de participer à la prévention des risques : les entreprises elles-mêmes, les experts du risque, le secteur de la sécurité privée et de l'assurance, les institutions de contrôle et les citoyens.

1 Les entreprises

Dans le cadre d'une enquête européenne réalisée par la société Marsh & McLennan Companies auprès de 600 chefs d'entreprise, l'importance du risque est unanimement reconnue par les sondés et un nombre croissant d'entre eux le considère comme un sujet de préoccupation prioritaire. Pourtant, derrière le discours des dirigeants d'entreprise, se cachent des réalités très disparates au sein des entreprises en matière de prévention des risques.

Certaines entreprises considèrent la notion de risque comme suffisamment importante pour créer un poste de *risk manager* à plein temps, avec des responsabilités étendues et une équipe de quelques agents. Ce sont surtout des entreprises de grande taille de dimension internationale. Elles ont à gérer des risques massifs, fréquents et graves. Elles peuvent bénéficier d'une culture du risque en raison des produits qu'elles vendent : des sociétés comme EDF, avec en charge le nucléaire civil, Saint-Gobain, vendeur de matériels de renforcement et d'isolation…

La notion de *risk manager*

La notion de *risk manager* est floue. Peut être considérée comme relevant du *risk manager* « *toute action qui s'appuie sur une méthodologie intégrant l'analyse, la réduction et/ou le transfert de risque* » (Catherine Véret & Richard Mekouar, *Fonction : risk manager*, Paris, Dunod, 2005). Or dans l'entreprise, le directeur juridique, le directeur de la sécurité ou encore le secrétaire général sont des personnes qui peuvent avoir pour partie ce type d'actions. De même, les tâches et les missions du *risk manager* évoluent d'une entreprise à l'autre. Dans certains cas, le *risk manager* a surtout pour objectif de gérer les contrats d'assurance, dans d'autres organisations il n'a pas ce type de préoccupation. Néanmoins, ce qui apparaît généralement, c'est que le *risk manager* a une fonction transverse dans l'entreprise ayant à intervenir sur des enjeux extrêmement variés (juridiques, financiers, techniques, humains, sanitaires, sécuritaires...). Dans cette perspective, il définit et conduit la politique de gestion des risques avec les autres entités de l'organisation. Autrement dit, il a une fonction de leader et d'animateur dans l'élaboration de la cartographie des risques de l'entreprise, la définition de ses principaux risques et la mise en œuvre des moyens et méthodes « nécessaires » pour les maîtriser. Derrière cette définition, il apparaît en filigrane que la fonction de *risk manager* est une fonction difficile à imposer aux organisations. Non seulement parce que ses missions sont floues, mais aussi parce qu'il est perçu comme étant un « frein aux affaires » (Rémy Pautrat et Éric Delbecque, « La sécurité économique : comment convaincre les dirigeants d'entreprise ? » *Défense nationale et sécurité collective*, oct. 2007, pp. 53-60). Le *risk manager* doit donc faire la preuve de l'intérêt du *risk management* auprès des membres de son organisation. Une des manières d'y parvenir est la réalisation d'analyses de risques présentant à la fois les coûts mais également les opportunités.

D'autres entreprises disposent d'une division gestion de risques susceptible d'être rattachée à la division chargée des problèmes d'assurance sans qu'elle soit mise particulièrement en avant. Dans d'autres cas encore, le risque peut être géré par la division qui au quotidien a le plus à gérer le risque. À ce titre, certains établissements de santé laissent à leur service biomédical cette gestion, ce service ayant pour fonction principale la gestion du parc médical de l'hôpital et la veille technique.

Enfin, certaines entreprises se sentent peu concernées par rapport à cette question. Celles-ci n'ont généralement pas la taille suffisante pour employer un gestionnaire de risques à temps complet. C'est notamment le cas pour de nombreuses PME-PMI. Dans ce cadre, elles privilégient la sous-traitance. Par exemple, pour identifier ses risques et mettre en place un plan de continuité, une PMI recourt aux services d'une entreprise de conseil capable de réaliser cet audit. Dans ce cadre, c'est le directeur administratif et financier qui reste le principal interlocuteur avec lequel la gestion des risques est abordée.

Néanmoins, cette relative hétérogénéité suggérée entre entreprises tend à s'estomper au fil du temps. D'une part, parce que l'apparition de nouveaux risques (risques informationnels, phénomènes d'insécurité envers les biens et les personnes) affecte l'ensemble des organisations sans distinction – les virus informatiques, les agressions à l'encontre des personnels ou encore la santé du personnel concernent toutes les entreprises –, d'autre part, parce que les entreprises sont de plus en plus contraintes de se plier à une réelle politique de gestion de risque en raison d'exigences plus fortes en la matière de la part de certains clients. À ce titre, l'enquête effectuée par Marsh & McLennan Companies conclut en soulignant que « *beaucoup d'entreprises de taille moyenne sont aujourd'hui les fournisseurs et les sous-traitants de grands groupes ou de grands distributeurs, qui leur imposent des chartes de qualité exigeantes, et entendent contrôler toujours plus en amont (flux tendus obligent) la fiabilité de leurs prestataires. Certaines des contraintes imposées à ce sujet – notamment en matière de sécurité alimentaire – vont parfois au-delà de la législation elle-même. La mise en œuvre de ces chartes exigera une vraie gestion des risques* ».

2 Les experts

Derrière les experts de la sécurité se cachent différents profils et différents univers. On trouve le commissaire de police, détaché auprès du ministère de l'Intérieur, pour faire de l'ingénierie publique, le chercheur en biologie qui fait de l'audit interne pour un grand groupe, et enfin le consultant en gestion des risques.

Derrière cette différence de profils et d'univers, retenons néanmoins quatre manières de réaliser de l'expertise en sécurité : la première manière de réaliser une expertise est bien évidemment de la réaliser en interne. On parle alors d'audit interne. Ce type d'audit est notamment réalisé dans les grands groupes. Mais il peut être également réalisé dans d'autres organisations. Par exemple, certaines mairies disposent en interne de services d'évaluation qui vérifient l'application des normes d'hygiène et de sécurité. Ensuite, il existe les laboratoires de recherche qui sont eux aussi en capacité d'apporter une expertise précise en matière de gestion de risque. Pour mémoire, citons quelques lieux de recherche réputés dans ce domaine : l'Institut national de l'environnement industriel et des risques (INERIS) et l'Institut national de recherche sur les transports et leur sécurité (INRETS).

Une troisième manière de réaliser une expertise est de recourir aux services d'audit administratif. Par exemple, l'Institut national des hautes études de sécurité et de la justice (INHESJ), fusion de l'IHESI (qui étudiait les phénomènes de délinquance) et l'INESC (qui étudiait les risques naturels et humains), dispose d'un secteur ingénierie publique. Enfin, il y a l'externalisation de l'expertise auprès des cabinets de conseil : Accenture, Ernst & Young, Marsh ou Géos, pour ne citer que ces quelques grands cabinets, ont investi dernièrement les champs de la sécurité et de la gestion des risques.

Repère — Principaux organismes de prévention des risques en France[1]

Agence nationale pour l'amélioration des conditions de travail (Anact)

L'Anact est un établissement public créé en 1973, placé sous la tutelle du ministère du Travail. Il a pour mission d'aider les entreprises et les partenaires sociaux à analyser les conditions de travail et à élaborer des projets en vue de les améliorer.

☞

1. Ces éléments sont tirés pour partie de : ministère du Travail, *Maîtriser les risques professionnels*, La Documentation française, Paris, 2009.

☞

Agence nationale chargée de la sécurité sanitaire, de l'alimentation, de l'environnement et du travail (Anssaet)

Cette agence résulte de la fusion au 1er juillet 2010 des deux agences, l'Agence française de sécurité sanitaire des aliments (Afssa) et l'Agence française de sécurité sanitaire de l'environnement et du travail (Afsset). La mission de la nouvelle agence est de contribuer à la sécurité sanitaire humaine dans les domaines de l'environnement, du travail et de l'alimentation. Elle a également en charge la protection de la santé et du bien-être des animaux, la protection de la santé des végétaux et l'évaluation des propriétés nutritionnelles et fonctionnelles des aliments.

Institut national de recherche et de sécurité (INRS)

L'INRS est un maillon essentiel du système français de prévention des risques professionnels, exerçant ses activités au profit des salariés et des entreprises du régime général de la Sécurité sociale. L'INRS s'appuie sur les caisses régionales d'assurance maladie (CRAM) et caisses générales de Sécurité sociale (CGSS).

Institut de veille sanitaire (INVS)

L'INVS est un établissement public créé en 1998 dans le cadre du renforcement de la veille sanitaire et du contrôle de sécurité sanitaire des produits destinés à l'homme. Il a différentes missions : effectuer la surveillance et l'observation permanente de l'état de santé de la population, participer au recueil et au traitement des données sur l'état de la santé à des fins épidémiologiques, rassembler, analyser et actualiser les connaissances sur les risques sanitaires, détecter tout événement susceptible d'altérer l'état de santé de la population.

Institut de radioprotection et de sûreté nucléaire (IRSN)

L'IRSN a été créé en 2002. Cet institut a deux missions : l'expertise sur les questions liées aux risques nucléaires et radiologiques et la recherche afin de faire progresser les connaissances. Parmi ses domaines de compétences : la sûreté nucléaire, la sûreté des transports de matières radioactives et fissiles ainsi que la protection de l'homme et de l'environnement contre les rayonnements ionisants.

Or, il est intéressant de souligner qu'au regard des récentes études sur ce domaine d'activité, c'est cette dernière catégorie, c'est-à-dire l'externalisation de l'expertise, qui prend de l'ampleur par rapport aux autres catégories d'expertise. En effet, depuis plusieurs années, les entreprises d'audit voient leur présence accrue par rapport aux autres formules d'expertise aussi bien pour des raisons de coûts que pour des raisons de facilité.

Dans cette perspective, les organisations sont moins enclines que par le passé à avoir en interne un service d'audit, ce type de services n'étant pas créateur de valeur. De même, l'État et ses administrations cherchent à se désengager de nombreuses missions afin de réduire les dépenses publiques ; ils laissent, quand cela est possible, le soin d'effectuer l'expertise à des acteurs privés. Enfin, la nature des besoins d'expertise en matière de sécurité de la part de l'ensemble des organisations apparaît multiple et complexe : sécurité informatique, audit de sûreté urbaine, sécurité industrielle, etc. Dans ce contexte, il est plus avantageux de recourir à des cabinets de conseil qui peuvent leur proposer une offre de service globale combinant toutes les formes d'expertise de sécurité plutôt que de devoir gérer en interne des expertises de sécurité de natures diverses.

3 Le secteur de la sécurité privée et de l'assurance

Il existe à ce jour deux catégories d'entreprises qui assurent des activités de gestion de risques : d'un côté, des entreprises qui garantissent la sécurité des actifs physiques (locaux, ordinateurs, etc.), humains et immatériels (logiciel, brevet, base de données) ; de l'autre, des entreprises qui proposent des couvertures d'assurance.

Pour le premier type d'entreprises, il s'agit essentiellement d'assurer des missions de maintenance, de surveillance et de protection auprès de clients privés ou publics. Dans ce cadre, l'entreprise est guidée par une philosophie de la prévention des risques de perte ou de dommage. Pour le second type d'entreprises, il s'agit de couvrir les risques d'entreprises : risques commerciaux, responsabilité civile, assurance biens…

Or chacune de ces catégories d'entreprises est située dans des marchés à maturité différente. Le marché de la sécurité est encore jeune, d'où un fort dynamisme des embauches ces trois dernières décennies. Entre 1982 et 2008 en France, le nombre de salariés des entreprises privées de sécurité a augmenté de 63 %. Le chiffre d'affaires atteint 8 milliards d'euros en 2008, et provient largement de la vente de produits technologiques (télésurveillance et coveillance), la proportion de ces ventes représentant presque 50 % du total (Hassid O., « La sécurité privée : contours, controverses et nouvelles perspectives », *in* Roché S., *En quête de sécurité*, Paris, Armand Colin, 2003, p. 273 ; *Atlas 2009-2010, Panorama économique des marchés de la sécurité en toute sécurité*, 2010).

Le marché de l'assurance est, quant à lui, arrivé à maturité. Le chiffre d'affaires progresse lentement année après année. En France, le marché des risques d'entreprises (y compris les artisans et les professionnels libéraux) représente, pour l'année 2000, et pour ce qui concerne les affaires directes (hors acceptations en réassurance), un chiffre d'affaires d'environ 31 milliards d'euros.

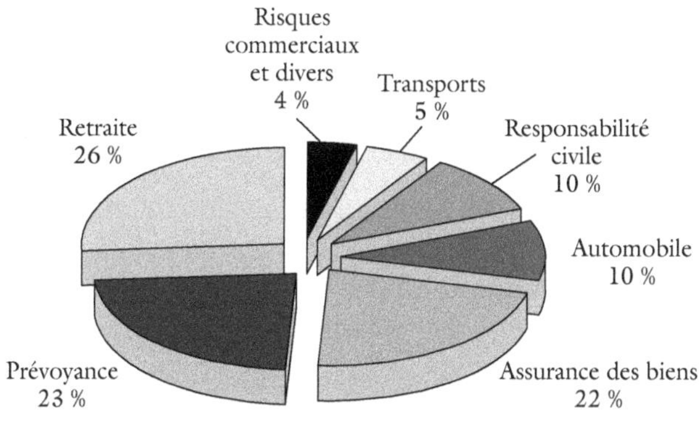

Source : Besson J.-L., « L'assurance des entreprises : un marché stratégique », *Risque*, n° 46, juin 2001, p.116

Figure 2.1 — Répartition du chiffre d'affaires des sociétés d'assurances en risques d'entreprises selon les principales catégories d'assurances en 2000 (en %)

La catégorie la plus importante du chiffre d'affaires global concerne les assurances de biens et de personnes (retraite, prévoyance), la prédominance de ces types d'assurance pouvant s'expliquer par des effets de cycles ou des évolutions sociétales, comme le vieillissement de la population française.

Remarquons que si l'assurance s'est développée avec les risques des années 1970, 1980, la sécurité privée, elle, s'est appuyée sur l'apparition des risques des années 1990, 2000. En effet, les grands groupes de la sécurité (Securitas AB, G4S, Asso Abby...) ont connu leur ascension avec l'essor de l'insécurité portant sur les biens et les personnes et les multiples innovations en matière de contrôle : sécurité électronique, vidéosurveillance, etc.

Néanmoins, si ces deux activités ont des évolutions différentes dans le temps, elles demeurent intimement liées. Comme historiquement, les assureurs ont eu des pertes financières dans la branche vol à la suite de l'explosion de la délinquance dans les années 1970-1980, ils ont été amenés à durcir leurs exigences en matière de protection.

Dans ce contexte, les entreprises d'assurance obligent depuis une dizaine d'années leurs clients à intégrer la nécessité de se protéger, ce qui profite aux entreprises de sécurité privée. Pour les mêmes raisons historiques, les assureurs participent depuis le début des années 1980 à un effort de certification des équipements de sécurité. Encore actuellement, les assureurs tentent d'harmoniser ces normes au niveau européen à travers le Comité européen des assurances.

En d'autres termes, un secteur de la gestion des risques se constitue et prend de l'ampleur grâce à la mise en relation des activités de sécurité encore jeunes, et des activités d'assurance devenues des activités traditionnelles de l'activité économique moderne.

4 L'État

Comme nous l'avons indiqué dans le premier chapitre, les dernières décennies ont vu l'émergence de risques résurgents ou encore méconnus, tels que les risques informationnels. Dans ce contexte, l'État est plus que jamais le principal gestionnaire de risques. Comme l'ont démontré Guilhem Bentoglio et Jean-Paul Betbéze (*L'État et l'assurance des risques nouveaux*, La documentation française, 2005), l'État a quatre fonctions principales dans ce domaine :

Sa première fonction est d'être un « *éclaireur des risques* ». Dans cette perspective, l'État détient un rôle de producteur, centralisateur et diffuseur d'informations. L'enjeu est d'identifier les espaces qui sont particulièrement concernés par des risques graves ou le développement de nouveaux risques. À ce titre par exemple, il existe aux États-Unis une Agence fédérale de gestion des situations d'urgence (Federal Emergency Management Agency – FEMA) qui a notamment pour mission d'étudier les principaux risques de catastrophes. En France, des agences spécialisées voient également le jour, comme l'Agence nationale de la sécurité sanitaire et de l'environnement (Anses)[1].

Sa deuxième fonction est celle de « veilleur ». Face à des risques peu prévisibles, vigilance et anticipation sont nécessaires. Si l'on ne peut prévoir l'avenir, une façon de se préparer à des crises nouvelles consiste à tirer des leçons des crises originales qui ont eu lieu dans le passé, par l'exercice du retour d'expériences. « *Cela consiste à faire un examen rétrospectif et critique de la façon dont a été traitée la crise, afin de mettre en place, le cas échéant, des dispositifs permettant une plus grande réactivité et une meilleure réaction* » (Bentoglio et Betbèze, p. 83).

Sa troisième fonction est d'être un État « superviseur ». Qu'il s'agisse de la crise des « *subprimes* » ou d'autres crises, la coopération internationale en matière de contrôle est devenue cruciale. Les États ont un rôle important afin de s'assurer de l'absence d'irrégularités. Les États ont évidemment une mission de contrôle incontestable. À cet égard par exemple, suite à la catastrophe de Feyzin en 1966 et pour répondre aux carences en matière de sécurité industrielle, l'État a mis en place une véritable administration chargée du contrôle des installations. Aujourd'hui, cette administration s'appuie sur une réglementation particulièrement dense, élaborée et régulièrement mise à jour par la Direction de la prévention des pollutions et des risques (DPPR) du ministère de l'Écologie, du développement et de l'aménagement durable.

1. Pour plus d'informations sur la question des agences françaises spécialisées dans le domaine du risque, se référer à *L'État face aux risques*, *Regards sur l'actualité*, La Documentation française, n° 328, février 2007.

Sa dernière fonction est une fonction de sanction. Afin d'éviter que les producteurs de risques ne réitèrent, il convient de mettre en place des institutions de sanction. Ces institutions que sont les institutions policières et judiciaires n'ont cessé de croître en fonction du caractère de plus en plus multidimensionnel du risque (terrorisme, cybercriminalité, criminalité organisée, etc.). En France, les ressources policières ont connu un taux de croissance de près de 90 % en trente ans et dans le même temps l'inflation carcérale a été de 39 % (schéma 2.2 et tableau 2.1). La nature des sanctions a également changé.

Par conséquent, qui dit essor du risque dit essor du contrôle et en bout de course essor du nombre d'interpellations et d'arrestations. La société du contrôle et de la punition ne peut être alors que concomitante à la société du risque. À ce titre, les instruments de prévention les plus efficaces pour l'économiste américain Gary Becker sont le poids de la sanction et le risque pour le délinquant d'être appréhendé.

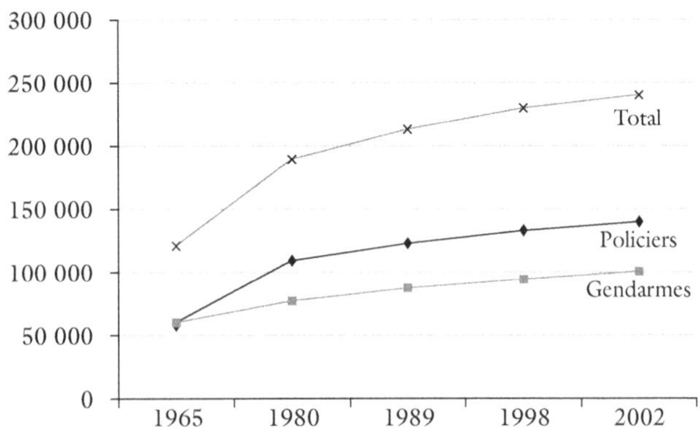

Source : Ministère de l'Intérieur, 2002.

Figure 2.2 — Évolution du nombre de policiers et de gendarmes en France (1965-2002)

Tableau 2.1 — Inflation carcérale dans l'Union européenne : 1983-1997

	1983	1990	1997	Croissance
Angleterre-Pays de Galles	43 415*	50 106	61 940	43 %
France	39 086	47 449	54 442	39 %
Italie	41 413	32 588	49 477	20 %
Espagne	14 659	32 903	42 827	192 %
Portugal	6 093	9 059	14 634	140 %
Pays-Bas	4 000	6 662	13 618	240 %
Belgique	6 524	6 525	8 342	28 %
Grèce	3 736	4 786	5 577	49 %
Suède	4 422	4 895	5 221	18 %
Danemark	3 120	3 243	3 299	6 %
Irlande	1 466	2 114	2 433	66 %

* Nombre de détenus.

Source : Tournier P., « Statistiques pénales annuelles du Conseil de l'Europe », *Enquête* 1997, Strasbourg, Conseil de l'Europe, 1999.

Depuis une vingtaine d'années, le législateur serait donc à la lecture de l'analyse de Gary Becker un « bon gestionnaire du risque » puisque la présence policière s'est accrue (leur nombre ayant augmenté), et les sanctions sont devenues plus sévères dans la majeure partie des pays occidentaux. Par exemple, aux États-Unis, entre 1975 et 1989, la durée moyenne des sentences d'incarcération frappant les crimes contre la personne a triplé. De même, et ce pour la majeure partie des pays de l'OCDE, le nombre de détenus dans les prisons est actuellement plus élevé qu'il y a vingt ans parce que les peines purgées sont plus longues.

5 Les individus et plus particulièrement les victimes

La gestion des risques est bien souvent une question d'experts. La présence du citoyen n'est pas habituelle. Faute de traducteurs, de médiateurs, de transparence et de clarté des règles, la parole ne lui est pas ou peu donnée. Le citoyen est jugé comme n'ayant pas de compétence pour pouvoir prétendre à donner son avis. Cependant, derrière ce constat lapidaire, trois phénomènes actuels viennent sensiblement corriger cette situation.

Premièrement, certaines études montrent que des « profanes » vigilants peuvent devenir « lanceurs d'alerte » en se substituant à des experts déficients et après avoir acquis par eux-mêmes une expérience, une compétence technique ou scientifique[1]. Ces « lanceurs d'alerte » peuvent être utiles afin d'améliorer le niveau de connaissances sur les menaces ou de repérer des dysfonctionnements susceptibles d'entraîner des crises majeures. Les États encouragent d'ailleurs ces alertes « informelles », notamment en matière de sécurité sanitaire et environnementale. Conçu sur le modèle en vigueur dans plusieurs pays (dont les États-Unis, sous l'appellation de *whistlebowing*), un statut de « lanceur d'alerte » a été présenté au Sénat dans le prolongement du Grenelle de l'environnement le 19 février 2009[2].

Deuxièmement, comme le remarque l'anthropologue Brian Wynne, le savoir des experts peut être, en certaines circonstances, partial et partiel. Étudiant les interactions entre les bergers, riverains d'une usine de retraitement nucléaire située dans le nord-ouest de l'Angleterre et les spécialistes chargés d'en suivre le fonctionnement et d'en évaluer l'impact, celui-ci rapporte que les modèles des experts étaient mis à mal à la fois par les particularités géologiques et alimentaires et par le métabolisme des moutons, point sur lequel les bergers étaient mieux informés que les experts. En effet, ces derniers supposaient que le fait pour un mouton de paître en toute liberté ou dans un enclos n'avait aucune importance, hypothèse qui s'avéra infirmée par les faits. Le « *savoir profane* » est donc nécessaire. Cette prise de conscience de l'importance du « *savoir profane* » semble se développer puisque depuis une dizaine d'années des « *forums hybrides* », tels que les « *focus groups* », comités locaux d'information ou encore conférences de consensus, ont été créés mêlant les paroles d'experts et les paroles de citoyens.

1. Peretti-Watel P., *La Société du risque*, Paris, La découverte, Collection Repères, 2010.
2. Delmas-Marty M., *Libertés et sûretés dans un monde dangereux*, Paris, Seuil, 2010.

Enfin, les sociétés occidentales sont prêtes à donner la parole à l'individu en tant que victime. Dans cette perspective, des enquêtes de victimisation, des groupes de parole, des journées de formation auprès des personnels les plus menacés ou encore des formules de soutien psychologique sont mis en place dans les firmes afin d'être plus à l'écoute des personnes victimes. Pour ce qui est des enquêtes de victimisation auprès des salariés, il s'agit de savoir si le personnel salarié a été victime à un moment ou un autre d'une infraction au droit du travail, d'une infraction à la vie des affaires, de harcèlement ou de proposition de corruption. Bref, pour mieux se protéger, les nations en général, et les entreprises en particulier cherchent à déterminer l'existence de victimes. Cette immixtion du questionnement sur la présence de la victime au sein de l'entreprise est nouvelle et résulte très certainement, comme le note Frank Furedi, sociologue américain, de la consolidation de la conscience du risque.[1]

Section 3 L'INTERDÉPENDANCE ENTRE LES PRODUCTEURS DU RISQUE ET LES ACTEURS DE LA PRÉVENTION

Comme il a pu être observé précédemment, le risque peut provenir directement des membres de l'entreprise, être le fruit d'actions d'individus extérieurs à celle-ci, ou encore être le résultat d'un aléa naturel (tremblement de terre par exemple). Il est important de noter que la provenance du risque et la nature du producteur de risques impliquent des modalités particulières d'organisation en matière de gestion des risques.

À ce propos, une étude réalisée par deux sociologues, Frédéric Ocqueteau et Marie-Lyse Pottier, sur les centres commerciaux montrent que les gérants de ces structures sous-traitent la production de sécurité à des entreprises spécialisées lorsque la probabilité de vols émane surtout du personnel. En revanche, la direction d'un centre

1. Furedi F., *Culture of fear. Risk-taking and the morality of low expectations*, Londres, Cassell, 1997, p. 100.

commercial préfère produire de la « sécurité maison » quand c'est le personnel qui est mis en danger par le comportement de personnes extérieures.

Ce choix a une explication simple. La surveillance est externalisée pour éviter qu'il y ait une éventuelle collusion entre les agents de sécurité et le reste du personnel. La direction peut mieux contrôler son personnel. La surveillance est internalisée pour fédérer les énergies et valoriser en interne une « culture de la sécurité ». Autrement dit, l'internalisation des fonctions de prévention de risque a pour avantage de protéger l'organisation et le groupe. Ainsi, des investissements faits en interne en matière de prévention peuvent permettre de consolider les liens de groupe.

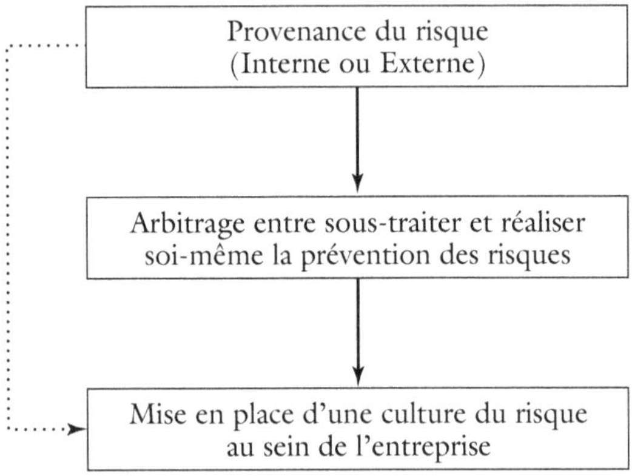

Figure 2.3 — Causes et conséquences de la provenance du risque sur l'organisation de la gestion des risques

Cette observation est reproductible dans d'autres situations. En matière de sécurité informatique, il est préférable pour une entreprise de recourir à une société de services informatiques quand il s'agit d'assurer la surveillance des employés lors de leur utilisation d'Internet et du courrier électronique. Inversement, une firme peut préférer assurer sa propre sécurité informatique, lorsqu'elle souhaite avoir le maintien du contrôle d'actifs d'importance critique et lorsqu'elle souhaite une plus grande culture de sécurité à tous les échelons de l'organisation.

En résumé, l'origine du risque et du producteur du risque est essentielle car elle détermine les modalités de gestion du risque.

L'externalisation de la gestion de risque résulte de dysfonctionnements en interne qu'il s'agit de contrôler : vols commis par des salariés, imprudence des dirigeants… À l'inverse, l'internalisation de la gestion du risque est reliée à la dangerosité de l'environnement extérieur. L'entreprise renforce ses défenses internes (« immunitaires ») quand elle se sent menacée par des entités externes à l'entreprise : entreprise concurrente, État… Au sein de son organisation, il se forme alors une culture d'entreprise qui se cristallise autour de la notion de « risque ». En effet, afin de réduire l'incertitude, les individus vont véhiculer de nouvelles valeurs, vont élaborer de nouvelles normes de sécurité, vont participer ensemble à de nouvelles formations. Cette cohésion va produire des apprentissages, une connaissance, une sensibilité et des expériences communes qui vont avoir une fonction de réassurance.

CONCLUSION

Derrière le caractère multidimensionnel du risque, apparaît à notre époque une diversité de producteurs de risques et d'agents de prévention. Que ce soit au sein des organisations ou à l'extérieur, les producteurs de risques s'organisent, s'institutionnalisent et se démocratisent.

On pense ici particulièrement aux fonds d'investissements – les Zinzins – qui sont reconnus de tous et qui profitent à tous, en même temps qu'ils font peser des risques importants non seulement aux entreprises mais de manière plus globale aux nations.

Pour contrer ces producteurs de risques, un réseau d'acteurs s'est construit et élargi afin de les empêcher de nuire. De l'État au marché, en passant par les entreprises elles-mêmes, les opérateurs de la sécurité sont divers, variés et de plus en plus interconnectés.

Dans cette perspective, alors que les responsables des multinationales de la sécurité reconnaissaient au début des années 1990 travailler peu avec la police, dix ans plus tard, ces mêmes dirigeants reconnaissent que de gros progrès ont été faits en la matière. Que ce soit dans la protection de sites sensibles (aéroports, sites industriels, etc.) ou dans la lutte contre le vol d'automobile, les opérateurs publics et privés de la sécurité paraissent mieux collaborer.

Même le citoyen, tiers absent dans la gestion du risque jusqu'au milieu des années 1990, se révèle de plus en plus souvent un maillon indispensable à cette gestion, aux dires des praticiens. Il intéresse d'ailleurs d'autant plus les experts qu'il peut être victime potentielle ou victime de fait. En effet, le citoyen-victime entend prendre part au débat public lorsque sa vie ou celle de son entourage est menacée. À ce titre, il a été frappant de constater que, suite aux attentats de Madrid, les Madrilènes ont interféré sur la vie politique non seulement en allant voter massivement aux élections législatives, mais aussi en allant massivement défiler dans les rues de Madrid pour s'opposer à la barbarie terroriste.

Néanmoins, il faut prendre garde que le risque ne devienne iatrogène, c'est-à-dire qu'il ne soit le produit de l'action de ceux qui ont cherché à soigner le mal. Comme le souligne Michel Wieviorka, « *la présence publique des victimes peut susciter ou alimenter de terribles dérives. Car chaque fois qu'elle envahit le domaine, elle est susceptible aussi de le pervertir […]. Les victimes peuvent contribuer à la déréliction du politique, en déséquilibrant le débat politique dans le sens des émotions, et non dans celui de l'analyse rationnelle des faits* » (Wieviorka M., *La Violence*, Paris, Balland, 2004, p. 106-107).

Par conséquent, plus que le principe de précaution, qui n'est autre que le fait d'agir de manière proportionnée à la gravité des dommages anticipés, c'est le principe de prudence qui doit s'imposer. Si la réactivité est essentielle dans ce domaine, elle ne signifie pas non plus précipitation. La concertation est non seulement de mise entre les différents partenaires, mais elle doit être organisée. Les procédures doivent être formalisées un minimum afin de garantir la coordination du réseau d'acteurs de la prévention dans les meilleures conditions possibles. La présence d'un expert ou d'un médiateur qui sache atténuer les enjeux de pouvoir ou l'autoréférentialité est en ce sens une première garantie nécessaire et évidemment non suffisante au bon fonctionnement de ce réseau.

D'autres sources peuvent, dans le même sens, participer à la vie du réseau. Les sociologues insistent sur la mise en œuvre de règles, de conventions et de normes qui aident à la cimentation du réseau d'acteurs. En effet, si les acteurs de la prévention ont des valeurs communes, le médiateur pouvant aider à cette convergence de valeurs, alors les performances du réseau seront meilleures. Enfin, il ne faut pas oublier un dernier maillon : l'État. L'État peut, en tant qu'État médiateur, arbitrer entre des intérêts contradictoires derrière lesquels se rangent les citoyens ; les bases du contrôle résident alors dans sa capacité à créer des compromis et des consensus pertinents au profit de projets des différents acteurs.

L'essentiel

Les parties prenantes aux risques sont de plus en plus nombreuses. D'une part, les producteurs de risques peuvent être plus diversifiés en raison de la complexité de la société. À cet égard, dans l'environnement de l'entreprise, neuf catégories d'acteurs existent qui peuvent la déstabiliser : les consommateurs, les médias, la concurrence, les administrations, les citoyens, les agences de notation, les fournisseurs, les sous-traitants et les clients. À cette liste il convient d'ajouter les salariés de l'entreprise, qui peuvent être tentés, en raison de pressions économique et sociétale qui pèsent sur eux, d'envisager d'autres moyens d'enrichissement que leur salaire régulier.[1]

D'autre part, les gestionnaires de risque sont constitués à la fois d'acteurs du marché (le secteur de la sécurité, le secteur de l'assurance, le secteur du conseil et de l'expertise), d'acteurs publics ou parapublics et enfin des citoyens. La culture de ces derniers peut s'avérer plus efficace, dans certains cas, que celle de l'expert puisqu'ils disposent d'une approche moins quantitative et donc moins réductrice.

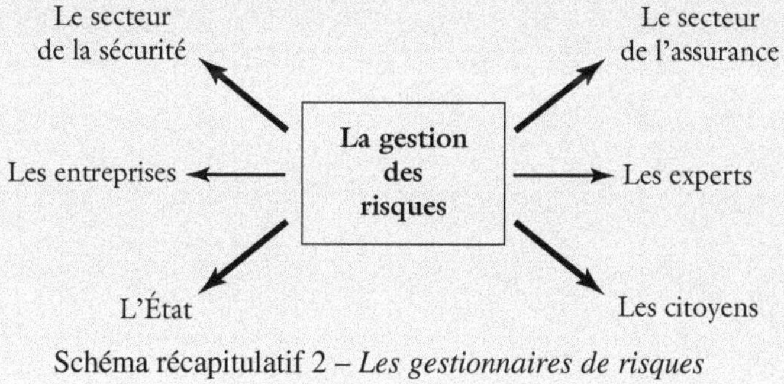

Schéma récapitulatif 2 – *Les gestionnaires de risques*

1. Asseman A. et Dupont B., « Le Vol interne d'informations : modéliser et mesurer les facteurs de risque », *Sécurité et stratégie*, n° 5, 2011. pp. 5-16.

Questions

1. Qu'est-ce qu'un risque iatrogène ?
2. Quelles sont les différentes catégories de producteurs de risque ?
3. Quelles sont les fonctions de l'État en matière de gestion des risques ?
4. Pour quelles raisons le savoir profane peut-il être utile ?

Chapitre

3

L'estimation et l'anticipation des risques

Avec le développement des risques au cours de la décennie 1980, les recherches en matière de gestion des risques se sont concentrées sur la mesure du risque. C'est à cette époque que se sont construites les sciences du danger autour de la *cyndinique*. Cette science s'est appuyée pour une large part sur les travaux de la science des systèmes et plus particulièrement les travaux de Jean-Louis Lemoigne en France, et de manière internationale sur ceux du prix Nobel d'économie Herbert A. Simon.

Mêlant à la fois psychologie, sociologie, mathématiques financières, calcul actuariel, calcul fiabiliste, calcul de probabilité sur des arborescences et informatisation du traitement des informations, la cyndinique est une science qui s'est enrichie pour essayer d'évaluer le plus précisément le risque. Nous essaierons de faire dans un premier temps un bref état des lieux de la mesure du risque et nous démontrerons que cette dernière paraît à l'heure actuelle insuffisante pour appréhender le risque.

Deux autres facettes du risque méritent d'être prises en compte. D'une part, il est nécessaire d'avoir une estimation plus qualitative du risque. La perception du risque par les personnes concernées ne doit pas être négligée. D'autre part, dans nos sociétés contemporaines où les risques ne cessent d'évoluer et de se transformer, il convient d'avoir une approche dynamique du risque.

Section 1 L'ÉVALUATION DU RISQUE

La question de la mesure du risque et de son évaluation est essentielle. Le rapport commandé par le Premier ministre Lionel Jospin à Kourilsky et Viney sur la question du principe de précaution[1] débouche sur dix commandements, dont le premier est justement la définition et l'évaluation du risque (« tout risque doit être défini, évalué et gradué »).

Il est important à ce stade de l'exposé de bien avoir à l'esprit la différence entre le risque et l'incertitude. D'après l'économiste Frank Knight, le risque se distingue de l'incertitude du fait qu'il soit probabilisable. En d'autres termes, le risque est mesurable, l'incertitude ne l'est pas.

Par exemple, une entreprise de transport peut mesurer le risque qu'un de ses camions ait un accident. En revanche, l'on n'est pas en mesure d'estimer les chances qu'il y ait une bombe nucléaire qui tombe sur Paris.

Il ne s'agit pas ici de présenter l'ensemble des démarches de mesure des risques – les analyses probabilistes, déductives et induc-

1. Kourilsky P. et Viney G., *Le principe de précaution, rapport au Premier ministre*, Paris, Odile Jacob et La Documentation française, 2000

tives, neuronales ou encore la modélisation de l'incertain – mais de faire le point sur les systèmes de mesure, les instruments de mesure et les limites inhérentes à la mesure.

1 La mesure des risques

Les conséquences d'un risque donné dépendent de la probabilité de survenance du sinistre, appelé également fréquence et du montant du sinistre potentiel (gravité). Ni la fréquence, ni la gravité ne peuvent être prévues avec précision.

Suivant la fréquence, les lois de probabilités permettent de développer des « estimations » de fréquence et de gravité pour une période de temps donnée qui les enserrent dans des intervalles de vraisemblance plus ou moins larges. (George L. Head et Stephen Horn, traduit et adapté par Jean-Paul Louisot, *Les fondements de la gestion des risques*, Paris, Carm Institute, 2004, p. 89).

Une approche qualitative de cette notion de poids du risque en deux paramètres est l'approche dite de Prouty. C'est une matrice à deux entrées avec la fréquence en ordonnée et la gravité en abscisse.

1.1 Première catégorie : les risques de fréquence et de gravité faibles

Dans ce cas, ce sont des risques qui se réalisent rarement et dont les impacts sont limités même s'ils se réalisent. Ils n'ont qu'une incidence faible sur le budget de l'entreprise. L'entreprise peut donc vivre avec ses risques sans trop s'en soucier. Nous parlerons de « risques mineurs ».

1.2 Deuxième catégorie : les risques de fréquence faible et de gravité élevée

Ce sont des événements qui se produisent rarement mais dont les conséquences sont significatives lorsqu'ils se produisent. En raison de leur faible fréquence, il est difficile de prévoir et d'anticiper leur survenance. La réalisation du risque entraîne des conséquences catastrophiques pour l'entreprise et le redémarrage de l'activité n'est pas toujours possible et nécessite dans tous les cas une injection de capitaux extérieurs. Cette deuxième catégorie est dénommée « risques catastrophiques ».

1.3 Troisième catégorie : les risques de fréquence élevée et de gravité faible

Ces événements se produisent assez régulièrement mais les conséquences de chacun sont relativement limitées. Étant facilement probabilisable, le risque peut être prévu. Cette troisième catégorie est dénommée « risque opérationnel ». Ce nom reflète le fait que les risques peuvent être relativement bien prévus et parfois maîtrisés. Par exemple, dans le domaine du transport, c'est le nombre d'accidents de la route sans gravité que rencontrent les routiers d'une entreprise de transport.

1.4 Quatrième catégorie : les risques de fréquence et de gravité élevées

Les événements se produisent régulièrement et leurs conséquences sont à chaque fois significatives. L'évaluation n'a que peu d'intérêt. Dans la majorité des cas, le décideur abandonne le projet à moins qu'il considère le projet comme une chance inestimable pour le développement de son entreprise.

Tableau 3.1 — Matrice des risques

	Fréquence faible	Fréquence élevée
Gravité relative	Risques mineurs (1)	Risques opérationnels (3)
Gravité aiguë	Risques catastrophiques (2)	Évitement (4)

La règle générale est qu'une entreprise doit focaliser son attention sur les risques des catégories 2 et 3. Il est possible d'anticiper ici sur la présentation des instruments de traitement des risques. Les gestionnaires s'efforcent de réduire les risques de catégorie 2 (par la prévention, la protection et autres modes de contrôle). L'évitement s'applique surtout à la catégorie 4. Les risques de catégorie 3 sont de bons candidats pour la mutualisation, soit directe au travers de pools ou de mutuelles, soit indirecte par transfert à un spécialiste, en particulier par l'achat de couvertures d'assurances.

Néanmoins, si les grands principes sont clairs, il faut se demander comment les entreprises peuvent identifier, percevoir et mesurer le risque. Quels sont les méthodes et les instruments qu'elles peuvent mettre en place pour appréhender les risques ?

2 Les instruments de mesure du risque

Les entreprises peuvent mettre en place un processus formalisé pour que leurs risques soient identifiés, analysés et mesurés. Les sources d'informations qui peuvent être utiles dans cette démarche sont multiples. Nous en retiendrons cinq principales.

2.1 Contrôle, visite et observatoire ou l'importance de l'observation

Différents acteurs participent à l'estimation du risque : les employés, les consultants, les sociétés d'assurance. Chacun est en mesure de repérer si un entretien est insuffisant ou une usure anormale.

La mesure du risque se fait tout d'abord à l'œil. Grâce à de nouvelles techniques, telles que la domotique, les individus ne sont plus obligés de se déplacer sur le site pour repérer les anomalies. À partir de son ordinateur, il est maintenant possible de constater si une pièce est éteinte, si un intrus s'est introduit dans un local… En d'autres termes, l'observation est le prérequis d'une bonne évaluation du risque.

Par ailleurs, grâce au développement des outils informatiques et de logiciels, un certain nombre d'observatoires sont apparus : Observatoire national des drogues, de la sécurité, des risques, etc. Ces observatoires permettent d'analyser de manière globale comment les risques se répartissent soit au niveau d'une entreprise, soit au niveau d'un territoire (communal, national, européen). Ils permettent de visualiser là où il est nécessaire d'investir les ressources de prévention.

2.2 Entretiens, sondages et enquêtes ou l'importance du recensement

Groupes de paroles, sondage, enquête individuelle auprès des personnels (cadres, agents d'entretien…) permettent aussi d'évaluer les risques dans leur globalité. Personne n'apprécie mieux les risques que ceux qui y sont exposés quotidiennement. De plus, le fait même d'aller chercher l'information auprès de l'ensemble des employés garantit une meilleure implication de tous lors de la mise en œuvre du programme.

Les enquêtes de victimisation dans le monde du travail

La victimisation des employés est regardée comme un sérieux problème, particulièrement aux États-Unis. Les données suivantes relatives à une enquête de victimisation faite aux États-Unis démontrent la sévérité du problème. Entre 1992 et 1996, plus de deux millions d'employés étaient victimes d'un crime ou d'un délit au sein de leur profession. Il y avait plus de 1 000 employés assassinés, 51 000 violés et 840 000 qui avaient été volés. La violence sur le lieu de travail est discriminante. Il y a des professions dangereuses. Les facteurs qui augmentent les risques de devenir victimes sont : l'accès du public, la mobilité des employés, le travail qui amène à réaliser des transactions monétaires, la confrontation avec des « publics difficiles ». Dans les récentes années, la victimisation d'employés est vue comme un problème organisationnel lequel exige une approche préventive. En pratique, il s'agit d'opérer les mesures suivantes : formation aux conflits, filtrage du personnel, etc. Les professions les plus dangereuses, dans une large mesure, se trouvent dans le secteur public, si on regarde le nombre de cas estimés aux États-Unis.

Commerce au détail	290 000*
Police	230 000
Éducation	135 000
Secteur médical	130 000
Soin psychiatrique	80 000
Transport	75 000
Services privés de sécurité	60 000

* *Nombre de personnes se disant victime d'un crime ou d'un délit.*
Source : Warchol, 1998.

Mais ce qui est peut-être le plus intéressant dans ces enquêtes, c'est qu'elles aident à avoir une idée assez précise de la « perception du risque » que peuvent avoir les salariés et les consommateurs. À ce propos, Paul Slovic, psychologue de l'université de l'Oregon, considère que le risque ne peut être saisi que par une seule estimation quantitative (Slovic P., *Perception of risk, Science*, n° 287, pp. 180-285). Il considère que la perception du risque est aussi fondamentale. Celle-ci permet de savoir si pour les individus le risque est acceptable ou ne l'est pas.

D'ailleurs, comme les individus ont tendance généralement à « surestimer » les risques faibles[1], l'entreprise a intérêt à combler les brèches informationnelles entre le risque perçu comme élevé et le risque estimé comme faible. Le prochain chapitre montrera dans ce cadre toute l'importance de la communication interne et externe.

2.3 L'analyse historique, le retour d'expériences et la traçabilité ou l'importance de l'historicité

L'étude des événements passés est riche d'enseignements. En effet, l'existence de sinistres passés permet de mieux prévenir les risques. C'est pour cette raison qu'un bon management des risques valorise le retour d'expériences et qu'en logistique la traçabilité est privilégiée. Rappelons que lorsque l'on parle de traçabilité, il s'agit de retrouver les objets dangereux une fois qu'ils ont été commercialisés. Si les retrouver est primordial, c'est évidemment en vue d'agir sur ces produits afin de les rendre inoffensifs.

La centralisation des réclamations, l'intégration de puce radio fréquence (RFID) dans les marchandises, comme l'impose par exemple Wal Mart à ses fournisseurs, ou encore la réalisation de rapports suite à une crise donnent une idée de la manière d'améliorer les processus de production. Cette amélioration des processus de produc-

1. Dans les années 1970, des études qu'ont réalisées Paul Slovic et Sarah Lichenstein aux États-Unis ont révélé un écart important entre la perception et la réalité. La plupart des répondants ont affirmé que les accidents faisaient à peu près autant de victimes que les maladies, alors que les maladies sont responsables de 17 fois plus de décès que les accidents. Les répondants ont aussi estimé que les accidents de voiture tuaient 350 fois plus de personnes que le diabète alors que la proportion réelle n'est que de 1,5.

tion est indispensable à l'optimisation de la gestion des risques. À ce titre, la traçabilité peut être destinée à rendre illicites des « *circulations non maîtrisables* ».

Dans le but de prévenir le crime, un certain nombre d'entreprises américaines, en collaboration avec la police, tiennent des listes de personnes ayant déjà enfreint la loi ou potentiellement « dangereuses ». Ainsi pour identifier les passagers qui prennent l'avion, le gouvernement fédéral a mis en place, en partenariat avec les compagnies aériennes et maritimes, un programme – Capps 2 (*Computer assisted passenger pre-screening system 2*) – de catégorisation des passagers par ordinateur.

Ce programme aide à centraliser les données disponibles sur les voyageurs et attribue à ces derniers un code couleur en fonction de la menace qu'il représente. Cette méthode n'est évidemment pas sans poser de problèmes éthiques puisqu'au regard de ce dispositif il a été prouvé que les Latino-Américains étaient considérés comme une menace forte en raison des couleurs qui leur étaient assignées (Ramonet I., « Surveillance totale », *Le Monde diplomatique*, août 2003).

2.4 Audit et expertise ou l'importance de l'évaluation

Il n'est pas possible de prétendre gérer correctement les risques en entreprise sans mettre en œuvre des démarches d'expertise et d'évaluation. En effet, ces démarches visent à sanctionner les gestions des risques passées en même temps qu'elles aident aux gestions à venir. L'évaluation va permettre à ce titre de se demander si des actions – au départ censées être rationnelles – ont entraîné les effets recherchés.

En outre, ces démarches servent à repérer les produits ou les agents qui peuvent avoir un rôle nuisible pour l'organisation. Notamment, il convient de renforcer les capacités d'expertise dans le domaine des risques répertoriés. L'Institut national de l'environnement et des risques (Ineris) estime qu'une infime partie des produits industriels dangereux est connue. Rappelons à cet égard que l'ammonitrate n'était pas considéré comme explosif avant l'accident d'AZF du 21 septembre 2001. Or depuis, les premières expertises considèrent que ce produit est à l'origine de l'explosion.

Les méthodes d'évaluation et d'expertise sont nombreuses. Retenons que l'évaluation peut être appréhendée de six manières différentes :

- L'évaluation prospective (*front and evaluation*) a trait à la praticabilité et aux effets potentiels des actions que souhaite mener l'entreprise.
- La possibilité d'évaluation (*evaluability assessment*) cherche à déterminer si une action peut être évaluée, et à quelles conditions.
- L'évaluation des conditions (*process evaluation*) a pour objectif de connaître les liens entre activités, comportement et résultats, ce qui signifie par rapport aux méthodes précédentes qu'elle s'effectue *a posteriori*.
- L'évaluation des effets (*impact evaluation*) s'attache aux résultats des actions menées.
- L'évaluation de suivi (*program monitoring*) étudie comment se dessinent les effets et résultats d'une action en cours d'exécution pour pouvoir corriger et redresser le cours de l'action dans le sens recherché.
- La métaévalution cherche à faire le bilan du processus d'évaluation.

2.5 Simulations, ou l'importance d'envisager l'impensable

Les simulations permettent de mieux apprécier la capacité d'une entreprise à gérer les risques systémiques et de tester sa résilience à leur égard. Les simulations utilisent des hypothèses de crises pour évaluer le niveau de préparation des dirigeants à d'éventuelles difficultés. Des exercices structurés sont réalisés durant un ou deux jours autour d'une série de crises simulées mettant à l'épreuve les réactions et la résilience des composants et des unités clés de l'entreprise. Un groupe – souvent des consultants extérieurs à l'entreprise – entreprend une série d'actions auxquelles les dirigeants doivent réagir en temps réel. Les faiblesses sont exposées et des stratégies d'atténuation des risques sont imaginées. L'intérêt des simulations est de conduire les participants à proposer des solutions qui n'étaient pas évidentes auparavant[1].

3 Les limites de la mesure

En dehors de l'idée déjà soulignée précédemment qu'il faille s'entendre a priori sur la valeur des données relevées, la mesure des risques pose trois grands types de problèmes.

• Le premier problème est de type *cognitif*. Par cognitif, il faut entendre tout ce qui a trait au raisonnement et notamment ce qui a une incidence sur le traitement de l'information. Or, pour mesurer le risque, il faut du temps. En effet, il peut exister des délais importants entre le temps de traitement et l'exécution d'une solution. Une fois mesurée l'ampleur du risque, cette mesure peut déjà avoir perdu de sa pertinence. Cette observation est d'autant plus vraie que le concours d'experts peut avoir des effets négatifs dans le contexte de la décision. En effet, ce concours peut conduire à des précautions excessives, qui se manifestent par des retards et par des conclusions qui préservent la valeur scientifique des travaux en restant ambiguës. À cela s'ajoute l'idée que les problèmes sont généralement pensés en fonction de cadres d'hypothèses stables, sans grand facteur de surprise. Personne, hormis des cinéastes et des écrivains, n'aurait en effet imaginé avant le 11 septembre 2001, qu'un avion de ligne puisse être utilisé comme une bombe contre des immeubles de grande hauteur[2].

• Le deuxième problème est de nature *éthique*. Il existe des situations où les risques dépassent la somme des consentements individuels. Pensons aux interventions, encore expérimentales, impliquant in situ des organismes génétiquement modifiés dans le domaine de l'agroalimentaire. Celles-ci mettent en lumière les lacunes contenues dans le fait de ne pas considérer les individus consentants dans la

1. Cleary S. et Malleret T., *Risques*, Paris, Maxima, 2006.

2. Dans son ouvrage *Le Cygne noir ou la puissance de l'imprévisible* (Les Belles Lettres, 2007), Nassim Taleb observe que les dangers les plus menaçants sont souvent les plus imprévisibles : nous serions en train de passer d'un monde régi par les moyennes, ou cygnes blancs, à un monde régi par les extrêmes, ou cygnes noirs.

balance des pondérations des risques. De même dans la question de la traçabilité, il y a une idée de contrôle, de panoptique qui inquiète.

• Le troisième problème est de nature *organisationnelle*. L'estimation du risque bute souvent sur le caractère réfractaire de nombreux salariés vis-à-vis d'une collaboration. En ce sens, il faut souligner par rapport à la question du retour d'expériences que si cette démarche est essentielle en matière de prévention des risques, elle est difficile car elle met en évidence les dysfonctionnements. En effet, le retour d'expériences peut faire apparaître qui a failli dans l'organisation. Autrement dit le retour d'expériences est aussi un bon outil de contrôle. Dans ces conditions, les salariés ont plus tendance à cultiver le secret par méfiance qu'à collaborer, se mettant ainsi moins en danger par rapport à la direction.

En résumé, le management des risques ne peut se satisfaire d'indicateurs de mesure pour construire ses plans de prévention. Effectuer un management efficace des risques suppose surtout d'avoir une analyse dynamique et stratégique des risques.

Section 2 L'ÉLABORATION D'UNE STRATÉGIE DE GESTION DES RISQUES

Il est difficile de mesurer les risques au sein d'une entreprise et cette mesure s'avère insuffisante. Nous sommes dans une économie où tout évolue rapidement. Les risques d'aujourd'hui ne seront pas forcément les risques de demain. Par conséquent, de quelle manière l'entreprise peut-elle anticiper les risques futurs ? Comment peut-elle faire « comme si » elle connaissait les risques futurs, ou dit autrement, comment une entreprise peut-elle maîtriser les risques à long terme ?

Pour répondre à ces questions, il s'agit tout d'abord pour l'entreprise d'être en capacité d'évaluer le nombre d'activités économiques qu'elle est en mesure de produire. Comme nous allons l'observer, disposer d'un trop grand nombre d'activités au sein d'une entreprise ou inversement d'un trop petit nombre, conduit inévitablement à prendre des risques élevés. Mais ce n'est pas tout. Il s'agit aussi pour l'entreprise de mémoriser l'information nécessaire et suffisante qui lui permette d'anticiper les risques futurs. Là encore mémoriser trop d'informations comme en mémoriser insuffisamment conduit à générer un risque excessif.

1 Optimiser le nombre d'activités

Les économistes ont démontré dans le cadre des marchés financiers que la diversification des titres dans un portefeuille réduit d'autant le risque. Dans l'hypothèse où les variations de cours de différentes actions qui composent un portefeuille sont en partie indépendantes, elles ont tendance à se compenser, donc à réduire le risque total.

Cette idée a été reprise par les économistes dans le cadre des stratégies industrielles. Il est préférable, pour une entreprise, de diversifier ses activités plutôt que de se concentrer sur un seul domaine d'activité. En effet, en cas de problème sur un domaine d'activité, la rentabilité des autres domaines d'activité est en capacité de compenser les pertes. Des subventions croisées sont alors envisageables.

Or ces dernières années, après un mouvement fort de diversification, les entreprises ont tendance à se recentrer sur leur nœud de compétences, l'idée étant que l'on sait mieux faire ce que l'on a déjà fait que ce que l'on n'a jamais fait. Par exemple, Suez, devenu GDF Suez, qui opère notamment dans la gestion de l'eau, s'est débarrassé de nombreux actifs dans le secteur de la communication comme M6, Paris première ou Ondeo Video. Cette rationalisation constitue un risque à terme.

Il est efficace de ne pas trop se diversifier sous peine pour l'entreprise de perdre le contrôle de ses domaines d'activité. Le directeur de Siemens, le 3 février 2004, dans une interview au journal *La Tribune*, admettait qu'il ne connaissait pas l'ensemble des activités produites par son groupe. Herbert Simon, prix Nobel d'économie, a développé l'idée que les individus ont des capacités cognitives limitées. Faute d'être en mesure de tout connaître, ils ne recherchent pas la solution optimale, mais s'arrêtent à la première solution satisfaisante qu'ils découvrent. Simon considère par conséquent que leur rationalité est « limitée ». À l'inverse, une insuffisante diversification constitue également un risque pour une entreprise. Une entreprise qui est peu diversifiée est mal armée pour faire face à la volatilité des marchés.

À ce titre, au début des années 2000, le groupe Alstom confronté à une situation financière critique devait faire face au cercle vicieux suivant : dans l'obligation de lancer un programme de restructuration, Alstom a dû céder sa division transmission et distribution d'énergie à Areva et à Siemens, ses turbines industrielles. Or, à dater du 30 juillet 2004, date de la recapitalisation du groupe, celui-ci ne disposa plus que de trois pôles : Power (génération d'énergies : centrales, turbines, etc.), Transport (ferroviaire principalement) et Marine (paquebots, ferries). Le nombre d'activités paraissait alors limité dans un contexte où deux des trois pôles ont un avenir incertain. En effet, le pôle *Power* était supposé technologiquement en retard sur ses concurrents et le pôle « Marine » rencontrait une demande atone.

Par conséquent, de manière générale, les entreprises doivent rechercher un équilibre en termes de domaines d'activité assurant une minimisation du risque à long terme, trop de domaines d'activités ou pas assez produisant nécessairement un risque important.

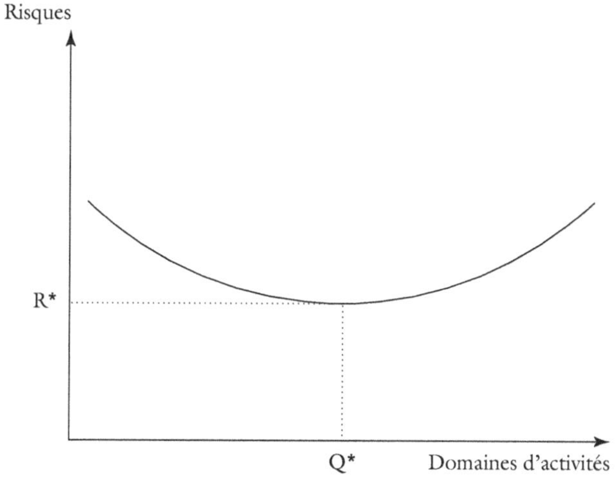

Figure 3.1 — **La courbe en U**

À travers le graphique suivant, nous constatons que la diminution du nombre d'activités réduit le nombre de risques pour l'entreprise car sa direction a une meilleure connaissance de ses activités et par conséquent est plus à même de réagir vite en cas de problèmes. Elle limite les phénomènes d'entropie (James A. Robins, Margarethe F. Wiersema, « The measurement of corporate portfolio strategy », *Strategic Management Journal*, volume 24, pp. 39-59, 2003).

À partir d'un point (Q*, R*), la tendance s'inverse. La diminution du nombre d'activités pour l'entreprise augmente le nombre de risques, celle-ci étant trop dépendante d'un nombre restreint d'activités. Par conséquent, et c'est une des conclusions fortes en finance, il est nécessaire de trouver un point qui garantisse un équilibre entre risque et rendement. Il n'est pas possible de diversifier indéfiniment les domaines d'activité, sous peine d'obtenir de faibles rendements. Inversement, se limiter à un seul domaine d'activité accentue considérablement les risques futurs pour une entreprise.

2 Mémoriser le nombre d'informations suffisantes

L'histoire de l'entreprise a son importance dans la gestion des risques. Les membres de l'entreprise doivent être en capacité de se souvenir des difficultés passées pour mieux se préparer et anticiper les difficultés futures. Les erreurs du passé servent *a priori* à éviter que celles-ci viennent à se reproduire. Pour cela il faut entretenir la mémoire de l'entreprise. Différents moyens existent pour atteindre cet objectif.

2.1 Développer une culture d'entreprise

Face aux résistances organisationnelles que nous avons pu identifier (culture du secret, transmission difficile des informations) et qui ont des effets négatifs en matière de prévention des risques, les entreprises peuvent chercher à favoriser une culture d'entreprise tournée vers la culture de la prévention de risque. L'objectif est alors de modifier les croyances, les valeurs et les apprentissages du groupe en cherchant à faire comprendre à chacun que « la sécurité est l'affaire de tous ». Pour atteindre cet objectif, il faut la définition d'un projet d'entreprise intégrant la prévention du risque, l'organisation de séminaires, de rencontres et de formation sur cette question, la constitution d'un management participatif ou encore le développement de la communication interne et professionnelle. Il ne peut pas y avoir de culture de prévention des risques sans transmission de l'information et une communication interpersonnelle. Dans cette perspective, la diffusion de journaux, de fiches de signalement ou la création d'un serveur intranet peuvent être des outils intéressants pour faciliter cette transmission de l'information et en bout de course cimenter la cohésion du groupe et donc réduire le nombre de risques.

2.2 Mettre en place des dispositifs de veille

La direction ne peut mettre en œuvre une stratégie efficace et élaborer les meilleurs scénarios possibles pour l'entreprise que dans la mesure où elle dispose d'une veille stratégique efficace. Par veille stratégique, il faut entendre toute recherche d'informations par l'intermédiaire d'une vigilance constante par rapport à l'environnement pour des visées stratégiques. Pour y parvenir, il est nécessaire de disposer d'outils de réception et d'interprétation. Le recours à l'intelligence économique, la consultation d'experts, la mise en place de cellule de veille, la participation à des colloques, l'utilisation de réseaux de connaissances ou encore la consultation de la presse quotidienne et spécialisée sont des exemples d'outils pertinents. L'État peut d'ailleurs venir en aide aux entreprises nationales pour les aider à s'adapter aux enjeux mondiaux. C'était dans cette perspective que la délégation interministérielle à l'intelligence économique a été créé en France en 2009. Aux États-Unis, ce n'est pas moins de 13 agences américaines de la « communauté de l'intelligence », disposant d'un budget de 30 milliards de dollars, qui collaborent avec les entreprises nationales afin de les rendre « hypercompétitives »[1].

1. Ali Laïdi, *Les États en guerre économique*, Paris, Seuil, 2010.

2.3 Favoriser le retour d'expériences

Il s'agit de capitaliser, d'évaluer, de transmettre et de prendre en compte toutes les expériences ayant eu un effet positif ou négatif sur l'organisation. À ce titre, le crash du Concorde d'Air France à Gonesse le 25 juillet 2000 juste après le décollage et faisant 113 victimes aurait peut-être pu être évité s'il y avait eu un retour d'expériences performant. En effet, l'enquête a révélé que l'un des pneus avait éclaté après un contact avec une lamelle de titane appartenant à un autre avion. Or le Comité d'hygiène, de sécurité et des conditions de travail d'Air France-Personnel naviguant (CHSCT-PN) a pu recenser pas moins de 57 incidents de pneumatiques enregistrés depuis les débuts commerciaux de l'avion en janvier 1976.

Repère — Le rôle des représentants du personnel et du CHSCT

Délégués du personnel et Comité d'hygiène, de sécurité et des conditions de travail (CHSCT) ont un rôle primordial en matière de prévention. Ainsi le CHSCT (les délégués du personnel en son absence) a pour mission de contribuer à la protection de la santé physique et mentale et à la sécurité des travailleurs de l'établissement et de ceux mis à sa disposition par une entreprise extérieure. À ce titre, il dispose de différentes prérogatives, telles que procéder à l'analyse des risques professionnels, effectuer des inspections et veiller au respect des obligations réglementaires par l'employeur, donner son avis avant toute décision à l'aménagement important modifiant les conditions de santé et de sécurité ou les conditions de travail... Dans certaines circonstances (risque grave avéré, projet important modifiant les conditions de santé et de sécurité), le CHSCT peut faire appel à un expert agréé par l'État et rémunéré par l'employeur. Le CHSCT peut proposer des actions de prévention, notamment en matière de violence au travail. Lorsqu'il refuse ces propositions, l'employeur doit motiver sa décision.

Source : ministère du Travail, *Maîtriser les risques professionnels*, La Documentation française, 2009.

Il ne s'agit pas non plus de retenir toute l'histoire de l'organisation. La mémoire est quelque chose qui se manie avec prudence. Dans certains cas, il convient de ne pas surcharger la mémoire d'informations inutiles. Cela risque d'affecter la réactivité de l'entreprise en cas de situation de crise et d'altérer la qualité de la décision. Dans d'autres cas, comme Gary Hamel et C.K. Prahalad le soulignent, il convient même de désapprendre le passé. « *Les leçons du passé qui laissent une trace profonde et sont transmises d'une génération à l'autre constituent un double danger pour toute entreprise. Tout d'abord, avec le temps, chacun perd de vue l'origine de ses convictions. Ensuite, le dirigeant peut venir à croire que ce qu'il ignore ne vaut pas la peine d'être connu [...]. Pour inventer l'avenir, une entreprise doit désapprendre son passé, du moins en partie* » (Hamel G., Prahalad C.K., *La conquête du futur*, Interéditions, Paris, 1995, p. 59). Au total, il est nécessaire d'être sélectif dans le choix et le traitement de l'information. Une information peut être capitalisée si elle permet de prévenir le futur et non pas de l'entraver.

La gestion des risques doit être pensée en dynamique. En effet, le risque doit se concevoir dans la durée. Il est nécessaire pour une firme de conserver en « mémoire » les risques, d'estimer les risques présents et de prévoir les risques futurs. Cette dynamique est indispensable à une bonne gestion des risques. Nombre de sociétés célèbres – Air France, Andersen Consulting, pour ne citer que des exemples récents et connus – n'ont pas su anticiper des risques qu'elles avaient pourtant déjà rencontrés. Dans ce contexte, la création d'une culture du risque, la mise en place de dispositifs de veille ou encore la transversalité de l'information sont nécessaires aux entreprises pour assurer le maximum de réactivité.

Toutefois, il convient d'être prudent. Ces instruments ne sont pas sans incidence sur l'organisation et les performances de l'organisation. D'une part, comme nous l'avons souligné, ces instruments peuvent, s'ils sont mal utilisés, freiner le changement des organisations et valoriser les routines au détriment de nouveaux apprentissages. En outre, ces instruments conduisent à repenser intégralement la structure de l'entreprise. En effet, une entreprise plus concernée par le risque est une entreprise moins hiérarchique qui admet la participation de tous et de toutes à l'activité opérationnelle et stratégique de l'entreprise. Sa structure est donc plus horizontale et se rapproche de l'organisation japonaise décrite par l'économiste Aoki : présence des ingénieurs dans les ateliers, participation des équipes ouvrières aux cercles de qualité, et de nombreux dispositifs de même type tendant à estomper la rigueur de l'opposition entre travaux de conception et d'exécution sont les éléments pour une organisation proactive par rapport à la question des risques.

Ce type d'organisation bute enfin sur des enjeux de pouvoir. C'est d'ailleurs malheureusement souvent en raison d'enjeux de pouvoir qu'une gestion des risques performante au sein des entreprises ne s'organise pas. À ce propos, Michel Crozier et Erhard Friedberg écrivent justement : « *le mépris des moyens aboutit en fait au règne des technocrates qui disposent seuls des secrets techniques [...]. Aider les hommes à développer des capacités nouvelles dont on accepte qu'elles puissent s'exercer contre vous offre un pari plus difficile. Ce pari est associé naturellement à la vision de la rationalité limitée, de coopération impossible sans conflit et de relations de pouvoir universelles et inévitables* » (Crozier M., Friedberg E, *L'acteur et le système*, Éditions du Seuil, 1977, p. 431). Partant de ce constat, il est impératif avant même de définir une organisation capable de gérer les risques de réfléchir à transformer le système de pouvoir. L'objectif est ambitieux mais indispensable.

L'essentiel

La gestion des risques s'appuie sur des méthodes de gestion de risques, la méthode la plus connue étant la méthode Prouty, qui repose sur une matrice à deux entrées (fréquence, gravité). Par ailleurs, pour diagnostiquer les risques et leur ampleur, le *risk manager* dispose de nombreux outils : sondage, enquête, simulation, etc.. Pour autant, si l'évaluation des risques est nécessaire, elle n'est pas tout. Elle rencontre un certain nombre de limites : cognitives, éthiques et organisationnelles.

Schéma récapitulatif 3 — *L'estimation des risques*

Identification		**Évaluation**	
Classes de risques	**Outils d'identification**	**Objectifs de l'entreprise**	**Impact financier**
Politique Économique Socioculturel Technologique Humain Immatériel	Vérification (historique et statistique) Questionnaires, documents financiers et comptables Autres documents Schémas de production Visites de sites Consultation d'experts	Profits Continuité Survie Responsabilité sociale	Fréquence Gravité

☞

☞

Le management des risques ne peut donc se satisfaire d'indicateurs de mesure pour anticiper et gérer les risques. Il convient de disposer d'une stratégie globale de gestion de risques qui permettent de mieux réagir en situation instable. Une stratégie globale de gestion des risques pour une entreprise suppose d'avoir estimé précisément ses frontières pertinentes (le nombre d'activités optimales, le niveau de diversification nécessaire, le nombre de sous-traitants…) et de se doter d'un système d'informations performant. Par système d'informations performant, on entend un système qui permette de s'appuyer sur l'ensemble des parties prenantes de l'entreprise et qui parvienne à sélectionner les informations nécessaires et suffisantes pour traiter des risques.

Questions

1. Qu'est-ce que la cindinyque ?
2. Quelle différence existe-t-il entre risque et incertitude ?
3. Qu'est-ce qu'une enquête de victimisation ?
4. Quelle est la thèse de Paul Slovic ?
5. Pourquoi existe-t-il des limites cognitives à la mesure du risque ?
6. Quelle est la thèse de Gary Hamel et C.K. Prahalad ?

Chapitre 4

Le traitement des risques

Le moyen le plus radical de traiter un risque est de ne pas réaliser l'activité qui risquerait de le générer. Lorsque les risques sont d'une telle amplitude, qu'ils sont « apocalyptiques » pour reprendre la terminologie du philosophe Hans Jonas, il est plus prudent de ne pas s'engager dans l'activité en question ou de l'arrêter. (Jonas H., *Le principe de responsabilité. Une éthique pour la civilisation technologique*, Paris, Éditions du Cerf, 1990, 1re édition 1979).

Par exemple, au moment de l'insurrection contre le pouvoir en Égypte ou en Libye début 2011, la plupart des sociétés françaises ont préféré rapatrier leurs capitaux. En d'autres termes, l'évitement est une solution radicale, qui supprime toute probabilité de pertes et de bénéfices.

Mais ce choix n'est qu'un type de traitement particulier par rapport à un éventail de solutions possibles. C'est bien souvent la moins bonne solution puisqu'elle prive l'entreprise des gains économiques de l'activité créée. Par conséquent, les solutions que nous allons envisager dans cette partie sont des solutions qui garantissent la poursuite de l'activité. Elles se déclinent de six manières différentes : la mise en place de règles qui dissuadent l'action des producteurs de risque, la définition d'un dispositif de planification, le développement de dispositifs techniques, stratégiques, assurantiels et communicationnels.

Malgré quelques nouveautés, notamment de nature technique, comme nous le verrons, la manière de traiter des risques a historiquement peu évolué ; ce qui ne doit pas nous empêcher de revisiter ces dispositifs et de faire un bilan des transformations en cours.

Section 1 LES DISPOSITIFS FORMELS ET INFORMELS

Il est évident que tout risque n'est pas lié à la seule action humaine. On pense aux cyclones, aux tempêtes de neige ou encore aux inondations. Néanmoins, comme nous avons pu le souligner dans le chapitre 2, les risques sont souvent le produit de l'homme directement ou indirectement. Par intérêt ou négligence, les individus véhiculent du risque.

L'économiste Douglas North considère que le meilleur moyen d'atténuer les risques liés à l'activité humaine consiste alors à mettre en œuvre des dispositifs formels (contrat, cadre légal, normes internationales) et informels (effet de réputation, ostracisme) qui sont censés dissuader les comportements déviants.

Ainsi, les dispositifs légaux sont d'autant plus préventifs que les règles sont précises et que les sanctions liées au non-respect de ces règles sont élevées. Par précis, on entend que pour tout échange de longue durée, les partenaires de l'échange prévoient l'ensemble des situations où les cocontractants pourraient profiter d'une situation au détriment de l'autre partie. Une fois l'ensemble des situations identifiées, il devient possible pour eux de rédiger un contrat en insérant l'ensemble des clauses nécessaires à la bonne réalisation de l'échange.

Par exemple, dans un cadre international, il est souvent préférable pour les firmes que les contrats commerciaux prévoient des paiements avant expédition, évitant ainsi que le destinataire ne profite du fait que le produit soit arrivé à destination pour refuser de payer.

Par ailleurs, le contrat ou, de manière plus globale, les règles légales ont d'autant plus de chances d'être respectées que les sanctions affiliées au non-respect de celles-ci sont conséquentes. Il paraît évident que si le risque d'être pris pour corruption entraîne une condamnation de 100 000 euros d'amende dans un pays et 10 ans de prison dans un autre, le nombre de cas de corruption a des fortes chances d'être plus fort dans le premier pays.

Mais il n'y a pas que les dispositifs légaux qui atténuent les risques. Des dispositifs informels peuvent aussi y participer. L'effet de réputation et l'ostracisme constituent de très puissants mécanismes de lutte contre les risques. Dans cette perspective, le risque d'image, jusqu'à une date récente, était exclusivement géré par la communication. Au début de l'année 2002, la disparition brutale, en deux mois, du cabinet d'audit Arthur Andersen, l'un des plus importants cabinets d'audit financier et comptable dans le monde, a révélé que la perte de réputation pouvait se révéler lourde de conséquences.

Un exemple de règles formelles : les référentiels de management social

Il existe différentes sortes de référentiels concernant de près ou de loin les démarches de gestion de risque. Les normes ISO 9001 version 2000 et ISO 14001 sont, par exemple, des normes internationales conçues par des fédérations mondiales d'organismes nationaux de normalisation pour améliorer les processus de production et donc *in fine* réduire les risques. Les référentiels qui nous intéressent ici représentent l'ensemble des référentiels qui sont liés à l'évolution des risques, à savoir l'intérêt accru porté par les managers aux Droits de l'homme. À ce titre, depuis 1997, une norme de management social est apparue : la norme SA 8000 (SA pour *Social Accountability*). Cette norme incite les entreprises à prendre en compte le respect des Droits de l'homme et des intérêts collectifs. Dans ce cadre, ce référentiel exige des entreprises des garanties à différents niveaux et ce conformément aux différentes conventions de l'Organisation internationale du travail (OIT) : l'interdiction de faire travailler de la main-d'œuvre infantile, d'exploiter de la main-d'œuvre, de respecter des normes de santé et de sécurité, de garantir la liberté syndicale et le droit de négociation collective, de refuser la discrimination et de respecter les législations nationales. En 2010, ISO a créé une norme ISO 26 000 relative à la responsabilité sociétale. Cette norme permet de vérifier qu'une entreprise mène bien des actions concrètes en faveur du développement durable.

D'autres référentiels en management social existent :

1. La norme AA 100 : Institute of social and ethical accountability.
2. La norme SI 1000 : projet de norme israélienne sur la responsabilité sociale.
3. Les lignes directrices de la Sustainability reporting guidelines – Global reporting initiatives – qui aux États-Unis est un reporting volontaire des impacts économiques, sociaux et environnementaux d'activités.

De même, au moment où des produits commercialisés rencontrent un problème de fabrication, on pense par exemple à l'affaire Perrier ou au cas de la vache folle, ces derniers voient pendant un temps leur consommation diminuer. En effet, le consommateur peut sanctionner durement la ou les entreprises qui ont mis en danger sa santé.

L'effet de réputation et l'ostracisme ont donc un impact fort sur l'activité économique des firmes et il s'agit pour celles-ci de se discipliner sous peine d'être sanctionnées par les consommateurs. Ce résultat est d'autant plus vrai dans les sociétés contemporaines. La transmission de l'information par les supports que sont Internet, la télévision ou encore la radio, accélère la rapidité de sanctions. Il est même possible d'ajouter, pour conclure ce point, que si les dispositifs légaux restent encore des dispositifs de sanction lents et incertains (le procès Microsoft a duré 8 ans et l'entreprise de Bill Gates a eu gain de cause), à l'inverse, les dispositifs informels que nous venons de citer sont des dispositifs beaucoup plus rapides aux conséquences immédiates beaucoup plus lourdes pour l'entreprise.

Par conséquent, hormis pour des fautes lourdes qui conduisent à de la prison ferme, les décideurs ont plus à craindre des dispositifs informels : ostracisme, lynchage médiatique… En effet, à court terme, un manager a plus de chance d'être remercié par son conseil d'administration si l'entreprise s'est construite une mauvaise réputation que si elle est en procès, même s'il paraît évident que l'un et l'autre de ces dispositifs (formels et informels) peuvent être compatibles.

Pour preuve, Marsh & McLemman, premier courtier d'assurance dans le monde, avait pâti mi-octobre 2004 des accusations portées par le procureur de New York, Eliot Spitzer, sur ses pratiques. Ce dernier accusait le groupe d'avoir surfacturé certains services et favorisé certains partenaires, tels que AIG, Ace Hartford et Munich Re, contre commissions (800 millions de dollars en 2003). L'action Marsh & McLennan qui s'était considérablement dépréciée s'était redressée par la suite, le procureur général de l'État de New York Eliot Spitzer n'ayant finalement plus eu l'intention de poursuivre au pénal le courtier en assurances Marsh & McLennan et un accord amiable ayant été obtenu. Néanmoins, ces accusations ont eu tout de même pour effet d'entacher la réputation de la compagnie et d'entraîner la démission de son président-directeur général Jeffrey Greenberg.

Section 2 LES DISPOSITIFS DE PLANIFICATION

La première disposition à mettre en place par un *risk manager* pour traiter les risques est la définition d'un plan de gestion de risques et sa budgétisation. Cette étape est indispensable au management afin qu'il réfléchisse aux opportunités ainsi qu'aux risques auxquels l'organisation est confrontée.

Le processus de planification aide à coordonner les efforts des différentes parties prenantes dans et en dehors de l'organisation. Il aide à définir une politique cohérente en matière de gestion des risques. Il aide enfin à définir les buts et les objectifs et à préciser la contribution de chaque membre de l'organisation.

La définition du plan est le moment où non seulement il s'agit de définir l'organisation de la gestion des risques (comité gestion des risques, définition des missions dévolues à chaque membre de l'organisation, etc.), mais aussi le temps où le *risk manager* fait la démonstration de sa plus value.

Son plan est d'autant mieux accepté qu'il réussit à impliquer le plus grand nombre de personnes possibles et qu'il montre l'intérêt économique de sa démarche.

Par ailleurs, la réalisation du plan suppose que celui-ci fonctionne de manière dynamique, évoluant au gré des transformations de l'organisation et des modifications stratégiques apportées par le management. Parallèlement, si ce plan s'adapte au fil du temps, il doit faire également évoluer les habitudes et la stratégie du management.

Dans ce cadre, le travail du *risk manager* peut se résumer alors en cinq points d'après Head et Horn (George L. Head et Stephen Horn, traduit et adapté par Jean-Paul Louisot, *Les fondements de la gestion des risques*, Paris, Carm Institute, 2004, p. 229) :

- assister les dirigeants pour l'élaboration de la politique générale en matière de risques ;
- planifier, organiser, animer et contrôler les ressources du service de gestion des risques ;
- assister les responsables opérationnels pour la mise en œuvre locale de politique de la gestion des risques ;

– travailler avec les responsables opérationnels pour la définition des responsabilités et actions de leurs subordonnés en la matière et participer aux efforts de motivation nécessaires ;
– maintenir le programme à jour en l'adaptant aux évolutions de l'organisation.

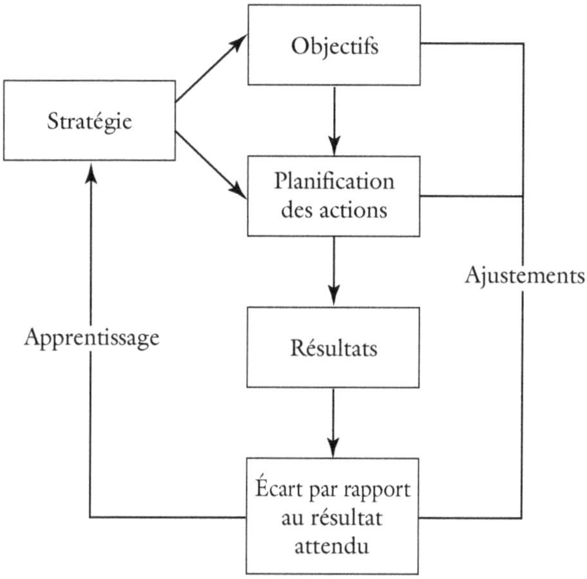

Source : Françoise Giraud, Olivier Saulpic, *Management control and performance processes*, Paris, Gualino éditeur, 2005, p. 188.

Figure 4.1

Section 3 LES DISPOSITIFS TECHNIQUES

La technique, la technologie et les nouvelles technologies proposent une riche panoplie de dispositifs qui préviennent le risque ou qui de manière radicale l'éliminent. On parlera de *protection* lorsque les entreprises visent non pas à empêcher la survenance d'un événement dommageable, mais plutôt à réduire l'impact lorsqu'il survient.

Dans cette perspective, il y a protection quand les décideurs cherchent à écarter les sources de danger des cibles potentielles. Ainsi, par exemple, pour maîtriser l'urbanisation autour de sites à risques, le décideur public peut limiter les autorisations de construire à proximité de ces sites. Il y a également protection lorsque l'entreprise dispose de moyens de secours performants pour la maîtrise des situations accidentelles. Dans ce cadre, les plans de gestion de crise, comme les plans ORSEC, visent à définir une organisation des secours rapide pour que les victimes soient le moins durement touchées. Il peut s'agir enfin pour l'entreprise de disposer de systèmes qui font redondance avec les systèmes utilisés, ce qui est particulièrement vrai en matière de sécurité informatique. Dans l'hypothèse où, par exemple, Internet connaîtrait un virus qui le rende durant un temps inutilisable, le bon vieux Minitel pourrait le remplacer.

Lorsqu'il s'agit de dispositifs de *prévention*, l'idée est d'empêcher la survenance ou de réduire la probabilité de survenance. Pour cela, il est nécessaire d'infléchir les choix de ceux qui sont potentiellement en mesure de produire du risque. Ainsi, pour dissuader le criminel de passer à l'acte, il est possible de mettre en œuvre trois types de dispositifs de prévention différents.

Le premier type de dispositif de prévention vise à augmenter les risques, par exemple en mettant sur le territoire à risque un gardien de sécurité. Le deuxième type de dispositif est d'augmenter les difficultés. Là il peut s'agir d'introduire un contrôle d'accès. Enfin, il y a moyen de réduire les bénéfices. Les communes des grandes agglomérations ont, par exemple, développé en ville des horodateurs à carte alors qu'ils étaient auparavant à pièce, évitant ainsi leur pillage.

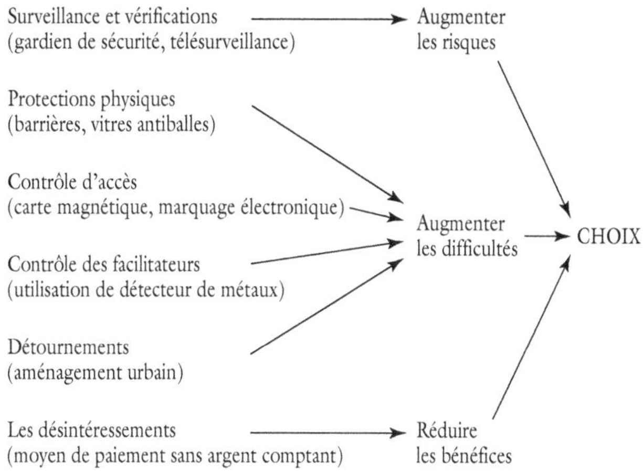

Source : Cusson M., *La prévention de la délinquance, CRI3361*, université de Montréal, 3 sept 2003, p. 26

Figure 4.2 — Modalités de prévention des crimes

Quand on parle de dispositif technique, il convient également de faire mention des innovations réalisées en matière de gestion de risque. Par innovation, on entend la commercialisation d'inventions participant à la sécurisation des actifs matériels, immatériels et humains. Or ces innovations ont une influence déterminante dans la gestion des risques puisqu'elles présentent le double avantage de :

– raccourcir les temps de réaction par rapport aux menaces éventuelles. Par exemple, la télédétection, qui est une innovation relativement récente, permet d'alerter de façon précoce les faiblesses structurelles des barrages, des infrastructures de transport et d'autres installations déterminantes. Une dizaine d'années plus tôt, ce type de dispositif n'existait pas et les contrôles prenaient généralement du temps, ce qui avait pour conséquence d'accroître les risques d'accidents majeurs ;
– garantir l'adaptation du dispositif de prévention et de protection à la nature des supports à protéger. Grâce au progrès technique, les dispositifs de prévention peuvent être aussi bien physiques ou virtuels, statiques ou dynamiques. Dans cette perspective, la barrière qui correspond à un dispositif de prévention et de protection peut se décliner sous différentes formes. Il existe les barrières statiques

ou passives qui sont présentes en permanence comme le rail et le contre-rail pour assurer le guidage de trains. Il existe aussi des barrières dynamiques ou actives, qui peuvent notamment se fermer dans le cadre d'une agression. Parallèlement, les barrières peuvent être de nature physique – la bonne vieille clôture – ou être totalement virtuelles. Des barrières logicielles existent pour contrer les pirates, comme par exemple les pare-feu type Firewall.

Mais, si les innovations peuvent favoriser la maîtrise des risques, il convient aussi de nuancer leur portée. Dans de nombreux cas, l'utilité de ces dispositifs de prévention technologique n'est pas avérée. Par exemple, les experts n'ont pas réussi à se mettre d'accord sur les performances de la vidéosurveillance. Certaines expertises soulignent les progrès faits en matière de sécurité, avec l'introduction de la vidéosurveillance, notamment dans des espaces privés ouverts au public (métro, quartiers résidentiels). D'autres expertises constatent, en revanche, l'absence significative d'effet. Ces dispositifs de prévention technologique peuvent même être contre-productifs. Dans certains contextes, ils peuvent effectivement véhiculer de nouveaux risques. À ce titre, le renforcement des dispositifs de sécurité dans les avions depuis le 11 septembre a certainement permis d'atténuer les risques de piratage, notamment en limitant la possibilité des pirates de s'introduire dans le cockpit. En revanche, dans le même temps, ces dispositifs empêchent le personnel de quitter l'avion rapidement et aisément en cas de danger physique imminent : risque de crash, incendie dans l'avion… Par conséquent, avant d'effectuer un investissement important en matière de sécurisation, il faut évaluer les chances de succès de la mise en place de telle ou telle innovation.

Section 4 LES DISPOSITIFS STRATÉGIQUES

Lorsque l'on parle de stratégies d'entreprise, on pense, le plus souvent, à des opérations de fusions et acquisitions, à des rapprochements d'entreprises, à des délocalisations, bref à des stratégies qui représentent un risque pour l'entreprise. Or tout choix stratégique ne produit pas irrémédiablement un risque. Un choix stratégique peut également être opéré pour le prévenir.

Dans cette perspective, en fonction de la nature des risques rencontrés par l'entreprise, le décideur peut adopter différentes stratégies qui visent à les atténuer. Comme nous allons le voir, l'externalisation, ou au contraire, l'intégration verticale, ou enfin la concentration des moyens de sécurité autour des personnels à risque peuvent constituer des stratégies visant à atteindre cet objectif.

1 Stratégie 1 : l'externalisation

Les entreprises peuvent privilégier de « faire faire » plutôt que de « faire en interne » lorsque les activités peuvent entraîner des risques mettant en danger la personne humaine, sa dignité, sa santé et ses droits. Elles peuvent soit recourir à la création de filiales de l'entreprise mère, soit plus simplement procéder à la sous-traitance. Notamment cette dernière pratique est courante puisque, par exemple, aux États-Unis, plus de 30 % des entreprises industrielles sous-traitent la moitié de leurs activités de production.

L'un des intérêts de cette stratégie est clair. Il s'agit de transférer le risque produit par une activité à l'extérieur de l'organisation. Autrement dit, il s'agit de l'externaliser. Par exemple, d'après Anne Thebaut-Mony, chercheur au CNRS, le risque d'irradiation est supporté à 80 % par les travailleurs extérieurs effectuant les tâches de maintenance des centrales dans l'industrie nucléaire en France[1]. Si c'était la firme elle-même qui réalisait les tâches de maintenance, elle prendrait un risque supplémentaire. En effet, il faut savoir qu'en cas de problème, les salariés peuvent se retourner contre le chef d'entreprise pour infraction à la législation.

1. D'après le sociologue Paul Jobin, les ouvriers en charge d'enrayer la catastrophe nucléaire de Fukushima, au nombre de 200, seraient pour une large part des intérimaires ou des salariés d'entreprises sous-traitantes de Tepco. Ce recours massif à la sous-traitance permet de diluer la dose de radioactivité collectivement supportée (Jobin P., « Sans renforts, les ouvriers de Fukushima sont condamnés », *Le Monde*, 24 mars 2011, p. 5).

Dans ce contexte, et même si la législation en la matière a quelque peu évolué, les chefs d'entreprises préfèrent sous-traiter toutes les activités à risque et faire porter à d'autres dirigeants le risque de se mettre en infraction par rapport à la législation. C'est ainsi que l'on peut expliquer des cascades en matière de sous-traitance. Une entreprise confie une tâche à une entreprise sous-traitante, qui elle-même en confie une partie à une autre entreprise, et ainsi de suite. Un rapport de la Commission d'enquête parlementaire réalisé en 2002 sur les risques industriels avait ainsi constaté sur certains sites jusqu'à 14 niveaux de sous-traitance. Cette stratégie a comme avantage pour les uns et les autres de répartir le plus possible les risques.

Néanmoins, cette stratégie n'est pas non plus sans risque. Comme l'entreprise mandante n'est pas en mesure de contrôler de manière aussi précise le personnel sous-traitant que son propre personnel, celle-ci prend le risque que la sécurité soit moins bien assurée. Elle prend également le risque que les normes de production ne soient pas respectées. Le risque est évident, notamment lorsque l'entreprise sous-traite à des entreprises qui sont hors de l'Union européenne puisque ces dernières ne disposent pas de la même législation ni de la même réglementation. Dans ces conditions, la probabilité de crises est plus importante et par conséquent à terme, le coût peut être plus élevé pour l'entreprise.

La responsabilité de l'entrepreneur principal peut être également engagée, notamment s'il n'a pas vérifié de manière suffisamment sérieuse la qualification du sous-traitant. D'ailleurs, les politiques publiques en cours dans l'ensemble des pays occidentaux tentent de lutter contre les formes d'externalisation abusive. Dans bien des cas, les entreprises choisissent d'externaliser ce type de risque sans se soucier de la sécurité des employés de l'entreprise sous-traitante. Or grâce au code du travail, et notamment l'article L.122-12, et à la directive européenne 2001/23/CE, les entreprises sont maintenant censées protéger les salariés en pareil cas.

Autrement dit les conséquences de l'externalisation ont un coût, appelé par les économistes *coûts de transaction*. Par coûts de transaction, nous entendons les coûts pour une entreprise du recours au marché par rapport à la production en interne. Ces coûts peuvent être multiples : contractuels (le contrat est nécessaire pour se protéger contre l'opportunisme du partenaire), en termes d'image (si l'option du marché est mal vue par l'opinion publique), légaux (par exemple l'entreprise doit prouver au législateur qu'elle ne profite pas de l'externalisation pour ne pas supporter certains risques sociaux).

L'existence de ces coûts les amène parfois à revoir leur stratégie d'externalisation.

2 Stratégie 2 : l'internalisation

Les entreprises n'externalisent pas toujours les activités à risque. Dès que l'entreprise est confrontée à un environnement instable, dangereux et perturbant, l'externalisation est synonyme de forts coûts de transaction. L'entreprise peut donc préférer mener en interne un programme de gestion des risques et réaliser elle-même les activités à risque. Le fait de regrouper toutes les fonctions vitales au sein de l'entreprise permet de faire bloc face aux risques. La mise en œuvre d'un programme de gestion des risques permet aussi de rassembler les collaborateurs autour d'un projet commun et de créer un « esprit sécurité ». À cet égard, Claude Gilbert et Isabelle Bourdeaux constatent que les entreprises de la chimie intègrent les fonctions de sécurité afin de rapprocher le management des autres salariés et garantir l'efficacité des procédures. (Gilbert C. et Bourdeaux I., « La gestion des risques et des crises : les procédures de retour d'expérience », *Les cahiers de la sécurité intérieure*, n° 38, 4e trimestre 1999, pp. 125-156).

Dans cette perspective, lorsque l'insécurité au travail est avérée, la direction peut avoir intérêt à se mobiliser pour y faire face, avant que cette insécurité ne vienne affaiblir les performances de l'organisation. Ainsi, dans un contexte de fort sentiment d'insécurité en France depuis les années 1995, certains gestionnaires urbains ont choisi d'effectuer des investissements importants en matière de sécurisation : mise en œuvre d'infrastructures sécurisantes, de type GPS, PC télésurveillance, création d'équipes de sécurité, de caméras réseaux, etc. Ces managers font un signe fort en direction de leurs salariés en investissant dans des actifs humains et matériels leur garantissant leur sécurité. Ces investissements peuvent rapprocher la direction de l'ensemble des membres de l'entreprise et favoriser la création commune d'une « culture du risque ». Se sentant soutenus par leur hiérarchie, les employés sont incités à participer de manière plus active aux performances de l'organisation.

3 Stratégie 3 : concentration des moyens sur les travailleurs à risque

Il faut bien avouer que les dispositifs de traitement des risques décrits précédemment n'ont rien de révolutionnaires, à part l'intégration de nouvelles technologies. En ce sens, les stratégies d'externalisation ou inversement d'internalisation sont des stratégies connues et admises par les entreprises depuis très longtemps.

En revanche, la stratégie n° 3 de « concentration des moyens sur les travailleurs à risque » est inédite. Comme le note Annie Thebaud-Mony, chercheur au CNRS, l'avènement d'un contrôle des « *travailleurs à risque* » plutôt que la mise en œuvre de dispositifs de contrôle et d'élimination des risques eux-mêmes ne s'est opéré que depuis peu comme un changement d'orientation des pratiques de prévention. Les entreprises réfléchissent, en effet, de plus en plus aux méthodes de prévention qu'elles pourraient mettre en place pour les personnels en fonction des risques qu'ils rencontrent. L'exemple d'Elco Brandt nous semble à cet égard intéressant.

Elco Brandt élabore une politique de gestion des risques différenciée

Elco Brandt, spécialiste de l'électroménager, s'est engagé depuis octobre 2003 dans un vaste programme d'amélioration des conditions de travail sur les chaînes de montage. « Les troubles musculo-squelettiques sont très présents dans nos industries manufacturières, il était important de s'attaquer à ce problème de santé, explique Uggo Shchreiber, DRH de l'établissement d'Orléans et chargé de la coordination des politiques RH des autres usines du groupe. Une analyse ergonomique a permis d'évaluer chaque situation de travail qui a été estampillée d'une ☞

☞

couleur : du vert pour les postes « doux », du jaune pour ceux dont la répétitivité est faible, mais qui nécessite une rotation des opérateurs. Quant à ceux frappés de rouge, ils sont voués à disparaître dans l'ensemble de nos établissements », précise Ugo Schreiber.

Source : Moreau I. et Rey F, « Prévenir l'usure », *Liaisons sociales*, mai 2004, p. 16.

Cet exemple est particulièrement instructif puisqu'il met en évidence la nécessité d'évaluer le travail des agents et de pratiquer une politique de prévention adaptée à la division du travail en entreprise. Il s'agit de concentrer les moyens de prévention sur les personnels à risque. Le saupoudrage ne présente aucun intérêt et a l'inconvénient de crisper les individus. En effet, les agents n'ayant pas de souci sur leur lieu de travail ont le sentiment de perdre leur temps quand on leur propose des plans de formation en matière de prévention. À l'inverse, les personnels rencontrant des difficultés ont le sentiment que la direction ne prend pas la mesure de ce qui se passe sur le terrain.

Par conséquent, personne dans l'organisation n'y trouve son compte. Il vaut mieux destiner les moyens de prévention vers ceux qui en ont besoin. On pense notamment aux agents confrontés à des tâches pénibles. Une fois ce repérage fait, il est alors possible d'atténuer la pénibilité de leur travail. Ainsi, les personnels travaillant de nuit ou à la chaîne, les personnels portant des charges lourdes ou exposés à des produits toxiques ou à des agressions doivent avant tout bénéficier de conditions privilégiées en matière de sécurité.

Section 5 LA COUVERTURE DES RISQUES

Les entreprises se sont surtout adaptées aux risques en achetant des polices d'assurance. Elles ont plus investi en matière d'assurance dommage ou en matière d'assurance responsabilité civile qu'en actions de prévention. Encore à l'heure actuelle, et même si les assureurs incitent les entreprises à prendre des mesures de prévention (les primes étant fonction inverse du niveau de sécurité), la gestion des risques est avant tout assurantielle. Malheureusement, encore un grand nombre de dirigeants pensent être mieux protégés avec une bonne assurance qu'avec un bon système de sécurité.

Cette observation peut paraître étonnante car une couverture d'assurance n'est pas en mesure de réparer la réalisation d'un crime ou d'un délit. De manière abrupte, si un salarié meurt sur son lieu de travail dans un contexte où les consignes de sécurité ne sont pas suffisantes, l'assureur ne peut payer qu'une partie infime du tort causé. Il ne va pas faire renaître le salarié ni empêcher la prison au dirigeant d'entreprise. Il devra payer une indemnité à la famille de la victime et un bon avocat au dirigeant d'entreprise pour sa défense.

D'une certaine manière, la couverture est alors à double tranchant. L'assureur protège l'activité de l'entreprise, ce qui est essentiel si celle-ci souhaite se développer. En revanche, elle peut décourager l'entreprise d'investir dans une démarche de gestion des risques ; d'où la nécessité d'introduire des clauses et des limites aux contrats d'assurance.

Section 6 LES DISPOSITIFS COMMUNICATIONNELS

La gestion des risques, comme la gestion de crises, est avant tout une histoire de communication. En effet, si l'on fait un bilan des stratégies de communication en gestion de crise, l'on s'aperçoit de deux choses.

• Premièrement, les dirigeants ont maintenant la responsabilité de communiquer sur les risques. Élus et dirigeants d'entreprises sont tenus pour responsables et sont suspectés s'ils n'ont pas communiqué de manière suffisamment transparente et rapide sur des risques rencontrés qui dépendent de leur autorité. L'absence de communication et de réactivité de la part du ministre de la Santé Jean-François Mattei, en 2003 en pleine canicule, a eu un impact évident sur la réputation du ministre et de son ministère. Le fait de ne pas prévenir l'opinion publique d'un risque constitue une faute impardonnable provoquant un risque d'une autre nature : un risque de réputation. Or cette nouvelle forme de risque peut déstabiliser de manière forte les organisations et coûter la place de leur dirigeant.

• Deuxièmement, la « *communication de risque* » est apparue comme un instrument indispensable pour garantir la convergence entre le risque « perçu » et le risque « estimé » par les experts, l'écart entre ces deux estimations du risque pouvant avoir un impact économique important. On pense à l'exemple de la « vache folle » où pour un nombre extrêmement faible de cas avérés d'êtres humains contaminés (deux cas en France), la vente de produits carnés avait chuté et mis en péril toute la filière bovine. On pense aussi aux risques d'attaques terroristes. Les gouvernements et les entreprises ont particulièrement investi en des assurances et réassurances coûteuses pour se protéger contre le risque d'actes de terrorisme. Or statistiquement le risque de futures attaques apparaît à l'heure actuelle faible. La perception du risque de la part des individus – perception alimentée par les médias – peut donc entraîner des biais importants extrêmement coûteux (Don Gardner, *Risque, la science et la politique de la peur*, Montréal, Les éditions logiques, 2009).

Étant donné que la perception du risque peut avoir un impact négatif sur l'activité économique d'une entreprise, il convient qu'elle communique de manière transparente sur la question. Elle peut aussi être proactive et communiquer avant que l'opinion publique n'ait perçu un risque. Les opérateurs de télécommunication ont effectué plusieurs études présentées dans différents médias démontrant que les portables n'avaient pas d'incidence cancérigène sur l'organisme alors que l'activité économique ne semblait pas être affectée par la peur des consommateurs vis-à-vis de ce type de risque.

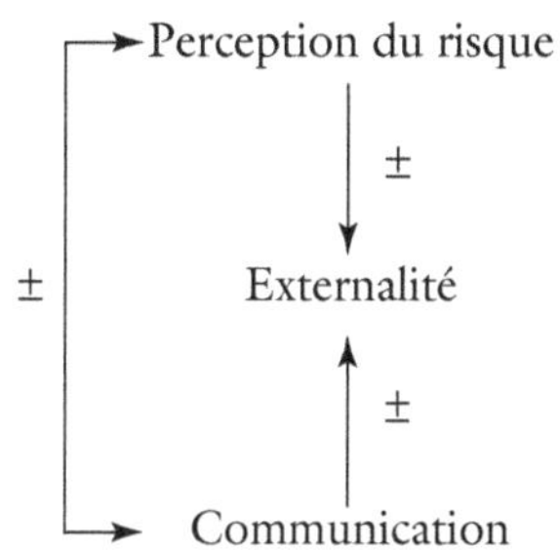

Figure 4.3 — **Triptyque Perception des risques/ Externalité/Communication**

Il ne s'agit pas non plus de communiquer systématiquement. La communication a un double coût. Le premier coût est d'ordre financier. Les campagnes de publicité, les études coûtent cher. Le second coût se pose en termes d'image. À trop communiquer sur les risques de son activité, l'entreprise peut donner une mauvaise image d'elle. « *Nous ne faisons pas travailler les enfants* », « *nos produits ne sont pas cancérigènes* », « *les conditions de sécurité sont optimales* », trop de mentions peuvent introduire le doute chez le consommateur ou le salarié et surtout créer un phénomène de « paranoïa organisée ».

Par conséquent, en fonction de la perception du risque de la part des personnes concernées qui va être très dépendante de l'information véhiculée par les médias, la communication de risque peut être appréhendée sur la base d'une réflexion en termes d'avantages/coûts. Quels sont les coûts directs et indirects d'une communication ? Que va me rapporter en termes d'image et de réputation le fait de communiquer ou de ne pas communiquer ? Est-ce que je dispose de suffisamment d'informations pour communiquer et ces informations sont-elles fiables ? Quand je ne peux pas communiquer car je ne dispose pas d'informations suffisantes, existe-t-il des actions que je puisse mener qui permettent de pallier cette carence ?

À ce propos, le gouvernement Aznar doit en partie son échec électoral en 2003 au fait qu'il a préféré désigner un coupable des attentats de Madrid dès le 12 mars sans pour autant avoir vérifié la véracité des preuves avancées par ses services de renseignement. En effet, alors que les attentats ont eu lieu le 11 mars, la piste islamiste ne s'était imposée que le 13. Pourquoi le gouvernement n'a-t-il pas attendu le 13 pour donner des informations aux médias ? N'avait-il pas les moyens de faire patienter la presse et l'opinion publique jusqu'au 13 plutôt que de communiquer de manière hasardeuse le 12 ? Une des manières de faire patienter l'opinion publique n'aurait-elle pas été de se rendre immédiatement sur les lieux du drame et montrer qu'il était solidaire des familles des victimes (ce qu'Aznar, à ce moment-là, n'avait pas fait) ?

CONCLUSION

Le risque prend paradoxalement des aspects immatériels, avec le développement du Web, ainsi que des aspects très physiques avec l'immixtion de la violence dans l'entreprise. Face aux formes variées prises par le risque, on pouvait craindre que la demande de protection et de prévention ne trouve pas d'offre de sécurité adaptée. En effet, comment nos dispositifs peuvent-ils avoir une plasticité suffisamment souple pour s'adapter à ces diverses formes du risque ?

Ce chapitre a montré que l'intelligence de l'homme peut être tournée aussi bien vers le mal que vers sa préservation. Sans garantir un risque zéro, notion qui illustre tout déni de réalité, il est possible de considérer que l'homme, malgré la multiplicité des risques, a su assurer le « minimum vital », et même mieux, il a su s'organiser pour diminuer ces risques.

Cette affirmation peut paraître étonnante à tous ceux qui, au début de l'année 2011, auront pu observer à la fois un tsunami et une catastrophe nucléaire au Japon ainsi que des violences au Moyen-Orient. Néanmoins, si la gravité de ces risques a augmenté et frappe l'opinion publique, il n'en demeure pas moins vrai que de nombreux risques se réalisent de moins en moins souvent. Dans cette perspective, alors que le réseau Al-Qaida paraît particulièrement virulent à en croire les médias, le nombre d'attentats a diminué au cours de ces dernières années.

La qualité des réseaux de renseignements, les synergies entre partenaires du risque, les dispositifs de prévention et de protection s'améliorent sans cesse. Il est indispensable d'insister sur cette observation pour atténuer la peur qui tenaille notre civilisation. Nous nous inventons de nouveaux démons et de nouveaux maléfices qui ne sont pas sans nous rappeler malheureusement la situation de nos sociétés au Moyen Âge. Car la peur peut devenir cause de nouveaux risques : montée des extrémismes, de la haine, de la régression. À ce titre, comme le conclut l'historien Jean Delumeau, « *collective, la peur peut conduire à des comportements aberrants et suicidaires* » (Delumeau J., *La peur en Occident*, Paris, Pluriel, Fayard, 1978, p. 23), c'est peut-être le plus grand risque qui guette notre société.

L'essentiel

L'analyse et l'évaluation des risques sont les premières étapes d'une démarche de gestion des risques. Une fois cette démarche réalisée, il convient de définir s'il est nécessaire de les maîtriser. Enfin, dans le cas où il est efficace de mettre en place des dispositifs de traitement de risque, il existe pour l'entreprise une diversité de solutions possibles dans le cadre d'un environnement institutionnel donné. L'environnement institutionnel a une incidence importante dans le traitement des risques. Certains environnements atténuent les risques au sein des organisations. À l'inverse, d'autres les amplifient.

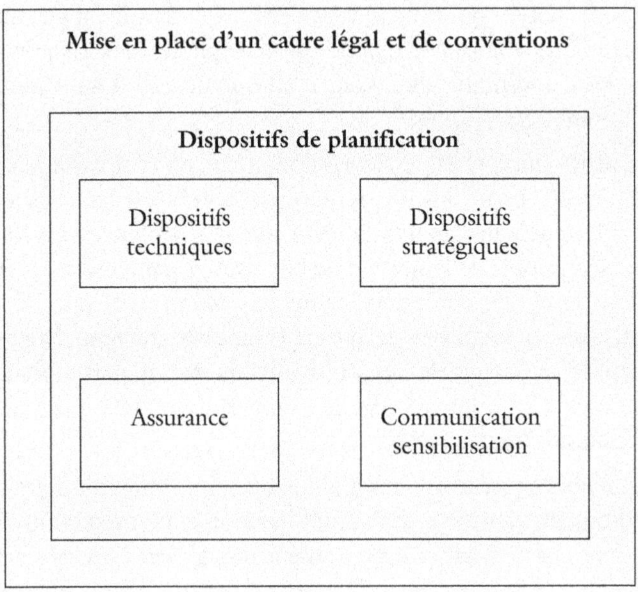

Schéma récapitulatif 4 – *Modalités de traitement des risques*

Les dispositifs de traitement des risques peuvent se résumer en cinq différentes mesures : des mesures de planification, des mesures techniques ou technologiques, des mesures de redéfinition des frontières de l'entreprise, des mesures de communication et enfin des mesures de couverture d'assurance, la première des mesures à mettre en œuvre étant naturellement des mesures de planification.

Questions

1 Qu'entend-on par convention ?

2 Quelle est l'utilité d'un plan de management des risques ?

3 Quelle différence existe-t-il entre les notions de *prévention* et de *protection* ?

4 Qu'est-ce qu'un plan ORSEC ?

5 Quels sont les bénéfices de l'intégration de la sous-traitance ?

6 Quelle est la politique de gestion des risques de l'entreprise Elco Brandt ?

Chapitre 5 Vers une gouvernance des risques

L'entreprise a été la première organisation à investir le champ des risques en se dotant de moyens adaptés pour les combattre. Recours au marché de la sécurité, mise en place de cellules de veille, définition de fonctions de *risk managers* au sein de leur structure ou encore usage de fiches de recueil d'expériences constituent une panoplie d'outils développée dès les années 1980.

À cette époque, l'entreprise était quasiment la seule organisation à s'être donnée les moyens de ses ambitions, en tout cas pour un certain nombre d'entre elles. Depuis cette époque, les choses ont profondément changé. En effet, la vague de nouveaux risques apparus au milieu des années 1990, et notamment l'insécurité affectant les biens et les personnes, a conduit d'autres organisations à s'intéresser à la question.

Établissements scolaires, espaces communaux, quartiers résidentiels, etc. sont des territoires où la recrudescence d'actes de violence est la plus forte. Ce sont aussi là où les garants des lieux (maires, chefs d'établissement, bailleurs sociaux) sont le plus en ligne de mire en raison de la responsabilité légale et morale qui pèse sur eux. Un maire peut ainsi très bien voir engager sa responsabilité devant une juridiction administrative en cas de problèmes rencontrés au sein de sa commune. À ce propos, en France durant l'année 2000, 513 élus ont été mis en cause pénalement (Source : Observatoire des risques juridiques des collectivités territoriales, 2003). Par ailleurs, sachant que le maire est élu dans l'intérêt de tous les habitants, sa responsabilité morale, qui est essentielle, peut être également éprouvée.

D'autres organisations que les entreprises sont donc obligées d'investir massivement le champ de la gestion des risques. Il s'agit alors dans un premier temps de les recenser et de connaître les vulnérabilités auxquelles elles sont exposées. Il s'agit ensuite de définir en quoi l'immixtion de ces organisations nouvellement impliquées dans la gestion des risques oblige et obligera de plus en plus un maillage serré entre celles-ci et les entreprises.

Section 1 DE NOUVEAUX ESPACES ENVAHIS PAR LE RISQUE

Depuis le début de notre livre, nous avons essentiellement concentré notre analyse sur des droits de propriété bien particuliers : les droits de propriété privés, c'est-à-dire des droits dont la possession et l'usage sont de nature exclusivement privée. À ce titre, nos exemples se sont surtout appuyés sur des entreprises cotées. Il a été question d'Alcatel-Lucent, d'Alstom ou de Thalès. Le point que nous souhaitons mettre en lumière ici porte sur le déplacement du curseur des risques vers des risques de nature humaine (agression, terrorisme, etc.) et informationnels qui fragilise de nouvelles catégories de droits de propriété. Nous en distinguerons essentiellement deux : les droits de propriété publics et les droits de propriété semi-publics.

Par droit de propriété public, nous entendons l'ensemble des droits attribués à un agent public (État ou toute autre collectivité publique) sur un actif. Par exemple, ce sont les départements qui sont propriétaires des collèges et sont responsables de leur fonctionnement et ce depuis la loi du 13 août 2004. De même, c'est à l'État qu'appartiennent les ministères publics et leur gestion. Or depuis quelques années, il s'avère que la gestion des risques de ces propriétés devient de plus en plus nécessaire puisque délicate. En effet, qu'il s'agisse de violences dans les établissements scolaires ou des risques environnementaux qui peuvent avoir des conséquences humaines lourdes au niveau communal ou régional (pensons par exemple aux conséquences du tsunami à Phuket en Asie du Sud-Est fin 2004), il est de plus en plus demandé aux décideurs publics, de prévoir un dispositif d'alerte et de gestion des risques.

Par droit de propriété semi-public, nous entendons des biens qui appartiennent à un acteur privé, mais dont l'usage est public. Les espaces privés dont l'usage est partagé avec un large public sont nombreux dans les sociétés modernes. Il suffit de penser aux centres commerciaux, centres d'affaires, stades, universités, quartiers résidentiels, gares et de manière plus globale, l'ensemble des espaces culturels et sportifs. Or ces espaces sont également apparus depuis peu comme des espaces vulnérables.

1 Les institutions publiques

Les institutions publiques sont en danger. Éducation nationale, police nationale, services municipaux, sapeurs pompiers, sont devenus aujourd'hui des institutions qui subissent certaines formes de déviance, qui perturbent les personnels et les usagers de ces services.

Si les médias ont souvent tendance à exagérer ces phénomènes de déviance, il n'en demeure pas moins vrai que le sentiment d'insécurité véhiculé par ces phénomènes est problématique. Comment les individus exerçant ces professions peuvent-ils exercer « normalement » s'ils se sentent menacés ? Pour les mêmes raisons, quel est l'intérêt des citoyens d'utiliser ces services dans un contexte de tensions ? Ainsi, par exemple, comment des élèves peuvent-ils étudier dans de bonnes conditions s'ils ont peur ? Or une enquête réalisée par l'Observatoire européen de la violence scolaire en 1996 et 1999 attire l'attention sur la progression du sentiment d'insécurité ressenti par les élèves.

Tableau 5.1 — **Proportion d'individus déclarant « se sentir en insécurité » dans l'enceinte scolaire**

	1995	1998
Élèves	24 %	41 %
Enseignants	7 %	49 %

Source : Ocqueteau F., Frenais J., Varly P., *Ordonner le désordre*, Paris, La documentation française, 2002, p. 47.

Les conséquences sont non négligeables. Pour reprendre une notion du sociologue Erwin Goffman, les institutions « perdent la face ». Comment tenir sa place quand on est bousculé et insécurisé ? Comment, en tant qu'assistante sociale, peut-on tenir son rôle si les personnes reçues sont insultantes et agressives ? Cette position est difficilement tenable et explique l'absentéisme de certains corps de métiers de la fonction publique particulièrement exposés.

De même, ces déviances ont pour conséquence de délégitimer ces institutions auprès des citoyens. Quelle reconnaissance peut avoir l'État, si sa police, qui est la garante de son autorité, n'est pas en mesure de se faire respecter ? Que pense le citoyen quand il constate que la police ne parvient pas à restaurer l'ordre dans certaines cités ? La montée de l'extrême droite, l'abstention aux élections sont les preuves de ce désenchantement. Il faut avoir à l'esprit que la baisse de légitimité dans les organisations publiques équivaut à l'absence de profit dans les entreprises privées : cela remet en question la continuité de leur service et provoque des réactions telles que des grèves ou des fermetures de certains services publics. Cette présentation mériterait d'être quelque peu nuancée puisqu'il existe des entreprises qui ne font ni profit ni faillite parce qu'elles sont légitimes. En effet, « *La légitimité de leur survie ce seront les bassins de main-d'œuvre qu'elles emploient, la balance commerciale qu'elles soulagent...* » (Laufer R., *L'entreprise face aux risques majeurs*, Paris, L'Harmattan, 1993, p. 77).

Cette situation peut aussi expliquer le recours croissant de la part des citoyens aux services privés en lieu et place de services publics : écoles privées, services de sécurité privée, envois postaux, etc.

Dans un tel contexte, les institutions publiques ont dû réagir et investir de manière globale le champ de la gestion des risques. Dans cette perspective, depuis l'explosion de l'usine chimique AZF à Toulouse en 2001, il est prévu pour les établissements scolaires qu'ils testent au préalable leur plan d'évacuation et qu'ils mettent en place un Plan particulier de mise en sûreté (PPMS), ces PPMS définissant les lieux de mise à l'abri, la méthode d'alerte et le signal utilisé, la gestion des missions, la formation des chefs d'établissement et la constitution d'un groupe de travail qui effectue une analyse des risques. Dans certains cas, à l'exemple du rectorat de Toulouse, un poste de chargé de mission des risques peut même être créé.

Les communes ont également dû faire face au développement des risques, qu'ils soient naturels ou technologiques. C'est dans cette perspective qu'elles ont mis en œuvre des Plans communaux de sauvegarde (PCS) depuis la loi n° 2004-811 du 13 août 2004 de modernisation de la sécurité civile. Les PCS permettent notamment aux maires de prévoir une organisation de crise adaptée aux possibilités et aux capacités de la commune et d'anticiper les catastrophes et ses conséquences locales. Leur efficacité dépend, dans une large mesure, du degré de collaboration des autres partenaires locaux que sont les sapeurs-pompiers, la préfecture ou encore la police et la gendarmerie nationale.

Enfin, les institutions publiques sont elles aussi affectées par les risques informationnels. Avec le développement de l'e-administration, le contenu des informations qu'elles détiennent peut être dérobé par des personnes malveillantes. Il devient possible de pirater des informations confidentielles détenues par les Assedic ou le ministère de la Défense. De même, les serveurs peuvent tomber en panne entraînant l'interruption des activités de services publics. Le principe de continuité, principe de base du service public, n'est alors plus respecté. De surcroît, ce type d'événement peut être extrêmement problématique. L'exemple le plus célèbre de sinistre dans l'e-administration reste celui de l'indisponibilité du serveur de déclaration en ligne de l'impôt sur le revenu au soir de la date butoir de déclaration !!!

Qu'est ce que le RGS ?

Le référentiel général de sécurité (RGS) a été mis en place par arrêté du Premier ministre le 6 mai 2010. Ce texte, rédigé pour partie par l'Agence nationale de la sécurité des systèmes d'information (Anssi), a pour objet de développer la confiance des usagers et des administrations dans leurs échanges numériques. Le référentiel vise à améliorer le niveau de sécurité de toutes les institutions publiques mettant en œuvre des systèmes d'information susceptibles d'échanger des informations avec les usagers ou les autres administrations.

Le RGS définit un cadre pour gérer la sécurité des systèmes d'information au sein de ces institutions. Ce cadre s'appuie sur le référentiel de bonnes pratiques en matière de management des systèmes d'information (ISO 27001) et sur les documents de référence publiés par l'Anssi (méthode EBIOS d'analyse de risques, notamment).

Le RGS s'appuie sur quelques principes fondamentaux : conduire systématiquement une analyse de risques lors de la conception ou de l'évolution d'un système d'information, s'assurer de l'homologation de sécurité de ce système, etc. Le RGS se veut donc apporter un cadre général en matière de sécurité des systèmes d'information. L'Anssi est en mesure d'assister les institutions dans la mise en œuvre de ce référentiel.

Par conséquent la gestion des risques intéresse et implique de plus en plus les institutions publiques ; au premier chef, faut-il le souligner, les collectivités locales, où il est constaté que le domaine de compétences du gestionnaire des risques a explosé. Les environnements économique, légal, physique, politique et social sont des sources de risques que les collectivités locales sont obligées de prendre en considération. Dans ce contexte, les gestionnaires des risques construisent des programmes de gestion des risques en tenant compte des spécificités de ces administrations, à savoir leurs contraintes budgétaires et le poids du politique.

Repère — **Recruter un *risk manager* en collectivité locale**

La fonction de gestionnaire de risque apparaît désormais dans les institutions publiques. La ville de Frémont, en Californie, embauche en août 2007 un *risk manager*. Sa fonction consiste à fixer un programme de gestion des risques pour la municipalité. Plus particulièrement, les missions qui lui sont confiées consistent tout d'abord à minimiser les risques et les coûts liés au passif comptable de la ville et au système d'indemnisation des employés.

Le poste suppose aussi que le *risk manager* doive gérer une équipe sous ses ordres, encadrer les activités des consultants en gestion du risque employés par la ville. L'indemnisation des employés pouvant prendre des proportions importantes suite à des accidents du travail, en particulier, le *risk manager* est chargé de suivre de plus près les réclamations dès qu'elles sont déposées par le personnel et anticiper la dépense encourue. Il doit aussi représenter la ville devant les tribunaux compétents, et négocier les indemnisations avec les avocats plaignants.

Au-delà de ce travail, le *risk manager* réalise des études afin d'examiner les nouvelles tendances dans la formulation et la nature des réclamations. Enfin, il souscrit à des assurances et établit des provisions en fonction des anticipations et des calculs actuariels qu'il a réalisés.

Source : Jérôme Méric, Yvon Pesqueux et Andreu Solé, *La Société du risque : analyse et critique*, Paris, Economica, 2009, p.91.

Bref, bien qu'il faille reconnaître que la gestion des risques au sein de ces institutions reste artisanale, « la pression de l'opinion publique, les attentes des électeurs ne laissent plus le choix aux élus et aux cadres de la fonction territoriale. Ils doivent définir une politique de gestion des risques visant, au-delà des actifs de la collectivité, la sécurité de tous et des biens de chacun des habitants, personnes physiques ou morales, installés sur le territoire de la collectivité. C'est une véritable culture de gestion des risques qu'il faut créer parmi les élus, les fonctionnaires et les contractuels mais aussi tous ceux qui vivent ou transitent sur son territoire » (Louisot J.-P., « La gestion des risques en services publics », *La gazette des communes*, Cahier détaché, n° 2, 22 septembre 2003, p. 241.

2 Les espaces ouverts au public

Les espaces ouverts au public (ERP) – ce que les Anglo-Saxons appellent les *mass private property* – sont les espaces où se cristallisent ces dernières années les problèmes les plus lourds de sécurité et de gestion de risques. Gares, quartiers résidentiels, centres d'affaires, centres commerciaux ou encore stades sont menacés par les nouveaux maux que sont le terrorisme et la violence urbaine. À cet égard, ce sont le World Trade Center à New York et les gares de Madrid qui ont été touchés par les actes de terrorisme les plus sanglants de ces dernières années. Les manifestations de l'insécurité au quotidien – la violence urbaine – se situent également dans ces espaces : émeutes dans les quartiers résidentiels, affrontements dans les centres commerciaux ou dans les stades.

La vulnérabilité de ces lieux peut s'expliquer à la fois par l'anonymat qu'ils procurent à l'individu et par leur taille. En effet, dans ces lieux, il est difficile de surveiller et d'identifier les délinquants : les flux importants d'individus rendent le contrôle complexe ; d'autant plus complexe que la superficie de ces lieux est importante. On essaie de bâtir les gratte-ciel les plus hauts, les centres commerciaux les plus grands ou encore les stades accueillant le plus de spectateurs possible.

Dans ce contexte, les propriétaires de ces lieux, qu'ils soient privés ou publics, avec la collaboration des collectivités locales et des États, sont obligés d'investir de manière colossale en moyens de sécurité. Gardiennage, télésurveillance, vidéosurveillance, centre opérationnel de surveillance, police nationale sont autant de ressources humaines et matérielles mobilisées pour combattre ces nouveaux maux. La mise en œuvre de ces dispositifs de sécurité a des implications considérables. En effet, cette mise en œuvre constitue un surcoût élevé pour les propriétaires de ces lieux et la société de manière plus globale. À ce titre, pour sécuriser les transports en commun de la communauté urbaine de Lille, dans le cadre du

Contrat local de sécurité transport signé en 1998, l'État, le Parquet, la communauté urbaine de Lille, le syndicat mixte d'exploitation des transports en commun, Transpôle, la SNCF, le Conseil général et le Conseil régional ont dépensé pas moins de 10 millions d'euros afin que les transports se dotent d'agents de sécurité, de moyens techniques (télésurveillance, Geographical positionning system (GPS), etc.) et de moyens mis en commun entre l'exploitant et la police pour centraliser les dépôts de plaintes des victimes d'agression.

De surcroît, ces espaces nécessitent la combinaison de ressources publiques et privées, combinaison qui n'est pas sans poser de problèmes puisqu'elle implique des logiques d'acteurs, des contraintes institutionnelles et des objectifs pas toujours compatibles. Les rencontres des finalités et des projets nécessitent donc des entreprises de coordination plus ou moins formalisées qui peuvent en bout de course s'avérer assez hasardeuses. En effet, dans un cadre où plusieurs opérateurs sont présents, on peut se demander par exemple qui va communiquer en situation de gestion de crise, quel message commun va être délivré… Par conséquent, la gestion des risques dans ces ERP est complexe et induit d'autres risques : risques financiers (l'ampleur de ces dispositifs venant grever la rentabilité des établissements), risques liés à l'action collective qui peut déboucher sur des situations non maîtrisées et non maîtrisables.

En bref, ce sont les lieux accueillant du public (institution publique, ERP) qui deviennent les plus problématiques à gérer actuellement. Face à cette complexité, de nouvelles normes de gestion du risque se sont constituées.

Section 2 L'ÈRE DE LA GOUVERNANCE DES RISQUES

Le caractère polymorphe du risque et les différents champs qu'il touche contraignent un ensemble complexe d'institutions et d'acteurs publics et privés à collaborer et à se coordonner. En ce sens, l'on peut parler de gouvernance du risque. Des responsabilités qui incombaient soit à l'État soit aux entreprises, sont maintenant partagées.

Dans cette perspective, comme le démontre l'économiste Jean Cartier Bresson, la lutte contre la corruption ne peut se faire sans le soutien conjoint de l'État, des entreprises et de la société civile. Citoyens, salariés, fonctionnaires et politiques ne peuvent combattre ce phénomène que par l'interaction entre ces groupes, même si cette interaction a des limites : problème de lisibilité, problème de redistribution, de pouvoirs, etc. (Bresson J.C., « La Banque mondiale, la corruption et la gouvernance », *Tiers Monde*, TXLI, n° 161, juin 2000, p. 171). Qui dit gouvernance du risque dit interrogation sur la structure des interactions entre les différents acteurs du risque.

Qui dit gouvernance du risque oblige également comme nous allons le considérer dans un second temps à s'interroger sur l'impact de cette transformation organisationnelle sur le management des risques. Dans un contexte d'interactions poussées entre opérateurs publics et privés, les organisations travaillent-elles de la même manière que lorsqu'elles avaient à gérer de manière indépendante leurs risques ?

1 La structure des interactions

Aujourd'hui, institutions publiques, entreprises et société civile collaborent pour lutter contre les risques. Depuis à peine dix ans, on voit par exemple, des entreprises de sécurité privée collaborer avec les renseignements généraux pour lutter contre le trafic d'automobiles. Du côté des collectivités locales, il a fallu attendre les premiers Contrats locaux de sécurité (CLS) pour que les bailleurs et les mairies mettent en place des réunions de concertation avec les habitants pour étudier les moyens à mettre en œuvre pour lutter contre l'insécurité. En effet, établis par la circulaire interministérielle du 28 octobre 1997, les Contrats locaux de sécurité permettent d'organiser un partenariat avec tous ceux qui, au plan local, sont en mesure d'apporter une contribution à la sécurité.

La police aide le Medef à sécuriser les entreprises

La police et le Medef Seine-Saint-Denis ont signé un accord le 7 avril 2004 pour renforcer la sécurité des entreprises du département et de leurs salariés. Marcel Queyrat, secrétaire général du Medef 93, constate depuis deux ans une « *augmentation des menaces, vols et agressions entre le lieu de travail et les transports* ». Les salariés seront sensibilisés au thème de la sécurité par des conférences et des fiches réalisées par le Medef et la Direction départementale de la sécurité publique (DDSP). « *La sécurité routière, l'accès à l'entreprise y seront évoqués* », poursuit Marcel Queyrat. La police a également proposé des audits de sécurité gratuits aux sociétés et des journées de formation pour les salariés. De la prévention donc, mais un suivi des agressions. « *Le salarié ou le chef d'entreprise qui en est victime se sent seul, il ne sait pas à qui s'adresser. Parfois, il renonce même à porter plainte* », affirme le responsable patronal. Désormais, il existera, dans chaque commissariat du département un « référent entreprise » chargé de faciliter les procédures. Des mesures d'autant plus nécessaires, selon Jacques Méric, directeur de la DDSP que « *de plus en plus d'entreprises, d'une taille de plus en plus importante, viennent s'installer dans le département* ». Le Medef et la DDSP ont prévu de se réunir dès la fin du mois de juin pour un premier bilan.

Source : *Le Figaro*, jeudi 8 avril 2004, p. 3.

Ces interactions entre institutions publiques, entreprises et société civile sont donc relativement récentes. Elles sont profitables à l'ensemble des partenaires puisqu'ils mutualisent leur savoir, leurs moyens et parfois même le coût de la sinistralité. Cependant, la coproduction de sécurité ne se décrète pas. Elle doit s'organiser.

Dans cette perspective, l'une des questions essentielles qui se pose est de savoir comment des intérêts différents, voire contradictoires, sont en mesure de s'ajuster et de se coordonner. En d'autres termes, il importe d'analyser la structure de ces interactions. Pour l'analyser et la comprendre, présentons deux modes de gouvernance des risques.

1.1 La lutte contre la corruption dans les projets financés par la Banque mondiale

La Banque mondiale s'est engagée ces dernières années dans une lutte contre la corruption. L'un de ses axes de bataille est de préserver de ce fléau les chantiers qu'elle finance.

Une manière d'y faire face est de contrôler l'utilisation des fonds prêtés (une vingtaine de milliards de dollars par an et 45 000 contrats) par la création d'un Comité de surveillance sur les fraudes et la corruption en 1998, dont la mission est de contrôler les fonctionnaires qui allouent les fonds, de recevoir leur allégation et de diligenter des enquêtes.

La Banque centrale a un pouvoir de sanction, en excluant temporairement ou définitivement les entreprises ayant participé à des transactions corrompues à des marchés publics financés par la banque. Celle-ci a recruté 50 fonctionnaires dans le domaine de l'audit et du contrôle de gestion afin d'augmenter la fréquence des contrôles durant le processus et *ex post*.

Parallèlement, les entreprises s'engagent à respecter les lois du pays sur la corruption, la publicité des informations concernant les compétences et les commissions touchées par les divers intermédiaires et le droit de contrôler les documents comptables des fournisseurs et des clients à tous moments du processus. Elles s'engagent en outre à adopter un code d'éthique intégrant le refus de la corruption et des procédures de contrôle de leur application.

1.2 La gestion financière des tremblements de terre en Turquie

Un pool turc d'assurance contre les tremblements de terre (TCIP) a été créé après les tremblements de terre survenus en Turquie en 1999 afin de mutualiser le coût des sinistres. Ce pool montre que la conjugaison de mesures législatives (consistant à rendre l'assurance obligatoire), de services publics (fournissant des garanties jusqu'à un certain plafond) et des forces du marché (assurance complémentaire, réassurance du pool, possibilité d'obligations-catastrophes) peut créer un arsenal adapté de règlements et d'incitations permettant de mieux prendre en compte les risques. Le TCIP devrait contribuer de manière significative à l'amélioration de l'application des codes de la construction, ainsi qu'à la prévention et la couverture des risques sismiques en Turquie.

Derrière ces deux exemples, la problématique générale est de trouver comment mutualiser les risques et allouer des fonds de manière stable et pérenne. Pour que se coordonnent les parties en présence, il s'agit de créer une structure *ad hoc*, indépendante le plus souvent, qui contrôle et/ou incite les partenaires à travailler ensemble. En outre, les relations sont conditionnées par l'existence de règles produites par l'État ou la structure constituée. L'existence de codes, contrats ou règlements, est indispensable au bon déroulement de la relation. Enfin, le respect de ces règles est vérifié par un expert, un médiateur ou un auditeur.

En d'autres termes, une structure de gouvernance est définie par la présence des États ou d'institutions indépendantes qui les représentent, qui participent au financement et au cadre réglementaire. L'existence d'une tierce partie qui vienne contrôler et garantir la médiation en cas de désaccord est préférable. Les ressources humaines et financières doivent être également mutualisées au sein d'une structure hybride. Par structure hybride, il faut entendre une structure dans laquelle sont représentés les intérêts publics et privés. Les structures hybrides peuvent se présenter sous forme de Groupement d'intérêt économique (GIE), de Partenariat public privé (PPP), etc. Ce type d'organisation a pour objet d'assurer le transfert partiel du pouvoir d'allocation des ressources.

Pour fonctionner, les individus qui la composent doivent alors être en capacité d'élaborer des objectifs à long terme et permettre aux partenaires de mutualiser leurs efforts efficacement contre le risque. À l'inverse, ce type de structure s'enlise lorsqu'elle produit des règles pour produire des règles, sans résultat tangible en matière de prévention des risques. Sans projet concret, cette structure tourne à vide et elle aura beau être transparente, son intérêt diminuera aux yeux des acteurs. Dans cette perspective, le politologue Sebastian Roché constate que les structures partenariales de lutte contre la délinquance en France (CLS, CLSPD, etc.) ont échoué faute de propositions pragmatiques et d'évaluations actées (Roché S., « Prévention et répression en France : transformation de l'action publique dans les villes (1975-1999) », *Revue internationale de criminologie et de police technique et scientifique*, vol. LII, n° 4, octobre-décembre, 1999).

2 Vers un nouveau management des risques

La constitution d'une gouvernance hybride (réseau, *clusters*, « *chain system* ») n'est pas neutre en termes de management car elle transforme une partie des processus organisationnels. Les processus impliqués sont les suivants :

D'une part, une gouvernance hybride modifie les apprentissages et les routines car la logique d'organisation est partiellement abandonnée au profit d'une logique de gouvernance. Cela signifie qu'au lieu de travailler seules, les organisations doivent apprendre à travailler ensemble pour la réalisation d'objectifs concertés. Cela induit en interne une réallocation du temps, des investissements et une transformation des modalités de travail. Ainsi, un *risk manager* ne se contente pas de rencontrer sa direction pour faire le point sur les risques de la firme, il va aussi passer du temps avec les partenaires de l'entreprise afin de mettre en œuvre des programmes de gestion de risque.

D'autre part, les acteurs de la prévention du risque étant amenés à travailler ensemble pour des intérêts différents, les risques de conflits et de tensions sont importants. Il devient nécessaire qu'émergent des professionnels de la médiation qui soient en mesure de favoriser la convergence des points de vue, de calmer les conflits et d'assurer une meilleure circulation de l'information. Leur présence permet d'assurer la coordination interinstitutionnelle. Avec le développement d'une gouvernance des risques, la présence d'évaluateurs devient également nécessaire. En effet, la fonction de l'évaluateur consiste à identifier, à rappeler, à cerner la réponse à fournir face aux enjeux sociétaux tels que la sécurité ou le terrorisme. Il vise en outre à repérer les acteurs qui ne jouent pas le jeu, ce que l'on appelle en sciences humaines des passagers clandestins, qui mettent à mal la légitimité de la gouvernance.

Enfin, la gouvernance du risque, qui procède d'une coordination interinstitutionnelle, s'appuie sur la constitution et la mise à disposition de données. Il s'agit de statistiques et d'informations fiables sur les risques liés à chaque étape et chaque acteur. Cette opération suppose donc de fonctionner à « *livre ouvert* » entre partenaires, la juste appréciation des risques encourus par chacun des partenaires permettant un partage optimisé. Comme on peut s'en douter, le traitement de l'information par les autres entités est problématique en termes de confidentialité et de protection des idées et innovations. Pour réduire l'incertitude, les partenaires doivent donc mettre en œuvre des techniques appropriées souvent innovantes. À ce titre, nous allons prendre l'exemple du partenariat public privé (PPP) dans les infrastructures. En effet, ce type de travail représente généralement une opération risquée de par l'asymétrie d'informations au moment du choix du partenaire, de la difficulté à connaître sa capacité financière, etc. Dans ce cadre, il est intéressant d'observer que la sécurisation de l'exécution est assurée par des techniques, comme le Partnering et l'Alliancing (cf. encadré ci-contre).

Autrement dit, le management des risques connaît des transformations majeures. Les dirigeants ne peuvent plus se limiter à gérer leurs risques seuls et indépendamment des autres organisations. Ils ne peuvent maîtriser les risques que dans la mesure où ils collaborent et coopèrent avec d'autres. Le risque ne se gère donc plus de manière hiérarchique mais négocié. En tant que dirigeant, il ne s'agit plus seulement d'imposer aux membres de l'organisation des règles de sécurité pour prévenir les risques, il doit aussi et surtout discuter et évaluer avec les partenaires les moyens à mettre en œuvre pour faire face aux risques de leur environnement. Les entreprises et de manière plus globale les organisations ne pourront anticiper et faire face à des accidents majeurs qu'en mutualisant leurs moyens de prévention, leurs connaissances de l'environnement et leurs compétences. Ainsi, par exemple, une entreprise ne pourra gérer les actes de vandalisme qu'en collaboration étroite avec la police ; ou encore, l'usine AZF aurait peut-être pu mieux gérer ses risques avec la mise en place d'un partenariat avec les laboratoires universitaires de la région.

**Une technique à développer :
le Partnering/Alliancing**

Les différences principales de cette procédure avec d'autres formes de collaboration résident dans le mode de sélection du partenaire privé et dans le fait que l'autorité publique est l'un des participants actifs du « Partnering » ou « Alliancing ». Privilégiant dès l'amont un dialogue approfondi entre les parties, elle facilite une approche gagnante pour l'ensemble des partenaires et trouve un champ d'application propice et utile dans les projets en PPP, pour lesquels elle pourrait être très largement employée.

À partir d'une première sélection sur la base d'un concours de compétences multicritères mettant l'accent sur l'expérience des concurrents, leur capacité technique et financière à conduire la conception, la réalisation et l'exploitation/maintenance de projets complexes sur le long terme, des équipes se forment, qui deviennent partenaires de l'autorité concédante. La mise en place de cibles de gains (temps, qualité, coûts, transfert de *know-how*, etc.) et la possibilité de partage de ces derniers conduisent à une véritable association. L'offre créatrice de la plus grande valeur est ensuite retenue. L'appréciation de cette valeur prendra en compte certaines innovations comme le « benchmarking », le référencement ou le concours d'idées, les offres globales et les contrats de maintenance.

Avec le Partnering/Alliancing, l'autorité publique réduit le risque lié à la capacité des entreprises. Cette approche est à l'opposé de la détermination solitaire, arbitraire et a priori, des caractéristiques, fonctionnalités, services, etc. que le concessionnaire devra exécuter sans pouvoir véritablement faire preuve de créativité. Elle favorise au contraire l'innovation, le dialogue compétitif et transparent, pour déterminer en commun les moyens de réaliser ces objectifs. En effet, apprenant à connaître de façon précise chacune des entreprises tout au long de la phase de mise au point du projet, l'autorité publique peut jauger le risque lié à chacune d'entre elles en pleine connaissance de cause. Elle peut, en outre, dans des conditions préalablement prévues, s'en séparer à tout moment.

Nous sommes en présence d'un mode transparent et compétitif de définition et d'attribution des projets permettant de faire jouer pleinement la concurrence entre les différents acteurs. Il est, pour les projets complexes, la formule la mieux à même d'exprimer clairement le concept de création de valeur, de favoriser l'innovation, d'aider efficacement à l'allocation optimale des risques et de démontrer que l'exécu-

☞

☞

tion de mission de service public par le secteur privé est génératrice de qualité et de baisse des coûts.

Source : SEFRI, *Pour un nouveau partenariat public-privé dans les infrastructures et équipements publics*, SEFRI, novembre 2001, p. 23.

Cette nouvelle donne suppose alors également des modifications dans les méthodes de travail. Les partenaires doivent établir de nouveaux codes et de nouvelles règles de conduite afin que le secret soit partagé et que la collaboration soit fructueuse. La sécurisation de l'exécution, comme nous venons de le voir à travers le partenariat public privé, est indispensable au bon fonctionnement du travail en commun. Tout ce travail nécessite le recours à des professionnels qui consacrent leur temps à coordonner, à évaluer et à orienter les acteurs. C'est dans ce contexte que l'on voit se développer une nouvelle profession. Certains les appellent les *risk managers*, les autres, des médiateurs, les derniers enfin des auditeurs. Ils sont des instruments centraux dans la transformation des modes de gouvernance et de contrôle.

CONCLUSION

Violence, terrorisme, incivilités sont autant de formes du risque, phénomène en perpétuelle mutation. Par cette mutation, il a des conséquences encore insuffisamment étudiées. Il intéresse non seulement les entreprises mais bien d'autres formes d'organisation : collectivité locale, État, association… Dans ces conditions, il affecte des espaces privés, mais aussi des espaces publics ou semi-publics. Il transforme le fonctionnement des organisations puisque ces dernières sont obligées de s'ouvrir vers l'extérieur et de collaborer, ce qui est particulièrement nouveau, notamment pour les entreprises qui ont pour habitude de protéger leurs savoirs et de considérer les autres organisations comme des concurrentes.

Dans ce contexte, des partenariats souvent inédits apparaissent. En ce sens, des partenariats publics privés se mettent en œuvre en vue par exemple de monter des projets de gestion de risque. Dans cette perspective, les bailleurs, les exploitants de transports ou encore les gérants de centres d'affaires collaborent avec les institutions publiques pour assurer la sécurité de leur patrimoine et du public. Des projets de vidéosurveillance, de médiation ou de coveillance voient ainsi le jour.

Ces partenariats soulèvent des difficultés sachant qu'ils supposent la mise en œuvre de contraintes lourdes qui garantissent la collaboration et découragent l'opportunisme. Toutefois, il convient aussi de remarquer de manière conclusive que ces partenariats peuvent également modifier l'état d'esprit de certains décideurs et plus généralement des personnels des entreprises et autres organisations. En effet, ces dispositifs véhiculent certainement de nouvelles valeurs : celle du partage, de la communauté, et pourquoi pas de la générosité. La nature et la transformation du risque modifieraient-elles les valeurs du marché ? Possible. À l'heure où équité, loyauté et développement durable sont des thèmes de société en vogue, des entreprises comme GDF Suez ou EDF se dotent de directeurs de l'éthique.

Ces pratiques interrogent toutefois sur les motivations des entreprises : marketing, achat d'une bonne conscience ou réelle recherche de l'amélioration des performances ?

L'essentiel

Le management des risques est une problématique qui s'est imposée à l'ensemble des acteurs de l'économie : les entreprises tout d'abord, les institutions publiques locales, nationales ou internationales ensuite. C'est ainsi que l'on parle dorénavant de gouvernance du risque. Par gouvernance du risque, il s'agit de modes de coordinations de ces différents acteurs en vue de limiter les risques. L'interdépendance entre eux repose alors sur une multiplicité d'actions concertées, qu'il s'agisse d'allocation de ressources pour prévenir et anticiper les risques, ou de dispositifs de régulation voire de coercition afin de s'assurer que les acteurs parviennent de manière coordonnée et structurée à mettre en place des dispositifs de maîtrise de ces risques.

☞

☞

La gouvernance du risque conduit alors à une transformation du management des risques. Dans un contexte de renforcement des relations entre acteurs publics et privés, on constate à la fois la démultiplication des moyens (financiers ou non) en matière de management des risques, la mutualisation des risques, l'apparition de nouvelles missions dévolues aux uns et aux autres, l'émergence de nouvelles autorités (agences, organisations non gouvernementales, etc.) et enfin la mise en œuvre de nouveaux moyens de sanctions.

Cette gouvernance doit être en mesure de résoudre des problèmes qui vont se poser à elle, notamment celui de parvenir à l'élaboration d'objectifs communs de long terme et de permettre aux partenaires de mutualiser les efforts efficacement contre le risque, ce qui n'est ni naturel ni simple. Elle nécessite un certain nombre de conditions pour réussir : l'existence d'un leader, la mise en œuvre de propositions pragmatiques et l'existence à la fois d'incitations et de contrôles dans le cadre de la réalisation de la démarche. Il s'appuie donc durant toute la démarche sur la mise en œuvre de procédures d'évaluations discutées dès le début de la mise en œuvre et sur la création de médiateurs en vue de faire converger les points de vue. Cela soulève *in fine* des questions de choix collectifs, de valeurs, de débat contradictoire, d'affrontement entre des intérêts divers, d'intérêt général, de légitimité, bref de politique.

Questions

1. Pouvez-vous citer des exemples opérationnels de gouvernance des risques ?
2. Quelles sont les difficultés inhérentes à la mise en œuvre d'une gouvernance des risques ?
3. Qu'est-ce que le RGS ?
4. Pourquoi l'émergence d'une nouvelle gouvernance des risques a-t-elle des incidences sur les processus organisationnels et les modes de travail des acteurs ?

Chapitre 6

À crise inédite, gestion nouvelle ?

La crise en tant que *bouleversement vécu par le sujet ou la population* prend une tournure inédite au XXIe siècle. Certes les crises ont toujours existé (de la crise sanitaire telle que la peste noire entre 1347 et 1350 à la catastrophe naturelle telle que le tremblement de terre de Lisbonne du 1er novembre 1755).

Mais à notre époque, dans un contexte marqué par l'accroissement des flux internationaux (chapitre 1), la concentration urbaine, le développement du progrès technique en même temps que la multiplication des parties prenantes aux risques (consommateurs, média, *stakeholders*...), la nature des crises, leur perception par la population et les décideurs et par conséquent leur gestion n'a pas d'équivalence dans le passé.

C'est ce que nous allons tenter d'analyser. Quelles sont les différentes dimensions de la crise ? En quoi les crises actuelles présentent-elles des caractéristiques inédites ? Quels sont les dispositifs de gestion de crises et sont-ils adaptés aux crises actuelles ?

Section 1 LES DIMENSIONS DE LA CRISE

De manière générale, les crises ont pour caractéristiques, selon Olivier Godard, Claude Henry, Patrick Lagadec et Erwann Michel-Kerjan (*Traité des nouveaux risques*, Paris, Gallimard, 2002, p. 221), de déstabiliser les systèmes d'actions selon trois modalités :

1. Le **déferlement** : la crise suscite une somme de complications qui tend à fragiliser les capacités de « réplique ». Au moment de l'ouragan Katrina, les autorités avaient non seulement à gérer les conséquences directes de l'ouragan, mais également les conséquences indirectes : vols, exactions…

2. Le **dérèglement** : la crise est le moment où la collaboration entre les parties prenantes est mise à l'épreuve. Chacun tente de se joindre sans y parvenir. Les parties prenantes ne savent plus exactement ce qu'ils doivent faire. Ils ne se souviennent plus des procédures à suivre, ils oublient de suivre les plans indiqués…

3. La **divergence** : « la crise ébranle les références les plus essentielles d'un système, les choix collectifs fondamentaux des acteurs concernés ». Pourquoi untel a dit cela ? Pourquoi l'autre a agi de cette manière ? Est-il arrivé trop tôt ou trop tard ? À cet égard, la crise, surtout quand elle est grave et qu'elle a des conséquences humaines et financières importantes, entraîne systématiquement la recherche d'un ou de plusieurs boucs émissaires.

Bien évidemment, ces trois modalités de déstabilisation sont interdépendantes. Néanmoins l'ampleur de la crise, son étendue diverge évidemment. Nous distinguerons trois formes de crises.

1. Les **crises standards**, à savoir des crises qui perturbent l'environnement, mais dont on avait prévu, grâce à l'information disponible, sa réalisation et qui savent se gérer. Ce sont l'essentiel des crises. Dans cette perspective, les événements météorologiques « classiques » ou des épidémies récurrentes sont anticipés à partir de modèles mathématiques et sont gérés efficacement grâce à des plans mis en place et des procédures d'alertes permettant de protéger la population.
2. Les **crises prévues mais dont la gravité dépasse ce que l'on attendait** et qui rendent caduques les dispositifs de gestion de crise. C'est par exemple Katrina. Dans l'article de Scott Shane et Éric Lipton (« les agences fédérales américaines savaient qu'une catastrophe menaçait la Nouvelle-Orléans », *Responsabilité et Environnement*, n° 40, oct. 2005, p. 102), on apprend que Katrina n'aurait pas dû prendre au dépourvu les responsables, tant fédéraux que locaux, puisque le cyclone était attendu depuis des années. Pour preuve les centaines de milliers de dollars dépensés en études, entraînements, plans d'urgences et scénarios. Et pourtant, ils n'ont pas su répondre à la nécessité d'assurer un abri à des milliers de sinistrés pas plus qu'à celle d'évacuer la population à mobilité réduite.
3. Les crises « **impensables** ». Celles-ci, on ne les attendait pas et on ne les imaginait pas. À ce titre, les violences urbaines en novembre 2005 peuvent faire penser à cela. La mort de deux jeunes dans un transformateur après avoir fui la police a entraîné trois semaines de violences urbaines ininterrompues, concernant trois cents villes françaises et affectant d'autres pays proches (la Belgique, l'Allemagne). Dans ce contexte, les compétences et les savoir faire ne suffisent plus à gérer la crise, il faut trouver de nouveaux modes d'actions. Ainsi, la direction générale de la police nationale reconnaissait qu'après quatre jours d'affrontements entre force de l'ordre et émeutiers qui firent de nombreux blessés du côté policier, il devint nécessaire de modifier la tactique policière : limiter les affrontements et recourir de manière plus systématique à des escadrons de petite taille (Olivier Hassid, « Les violences urbaines de l'automne 2005. Autopsie d'un phénomène inédit », *Les cahiers de la sécurité* n° 1, 2007, pp. 8-19).

Dans ce dernier cas, plus que dans les autres, lorsque la crise survient, les acteurs sont pris en défaut et la gèrent de manière contre-productive. Ils ont les mauvais réflexes. Ils nient le phénomène ou tout du moins l'ampleur du phénomène et les capacités de mobilisations sont tardives. De Katrina en passant par le tsunami en Asie, la catastrophe nucléaire de Fukushima au Japon ou les violences urbaines en France, le constat est identique : manque de réactivité, déni, repli sur soi au lieu de développer les contacts et de faciliter la communication. Tous ces éléments ne viennent qu'aggraver le contexte de crise existant et prolonger la crise. Cela se traduit par ce que l'on nomme en physique, un phénomène d'hystérésis. Par hystérésis, il faut entendre une situation qui dérive pendant une longue période de sa situation d'équilibre.

Section 2 LES CRISES ACTUELLES SONT-ELLES INÉDITES ?

Comme nous l'évoquions en introduction, l'histoire est parcourue de crises extrêmes : crises sanitaires, catastrophes naturelles, catastrophes humaines… Par conséquent, il convient de discuter le caractère inédit des crises actuelles. Au XIVe siècle, la peste a fait des millions de morts. Le tremblement de terre de Lisbonne au XVIIIe siècle a détruit complètement la ville. Les crises du passé n'ont donc *a priori* rien à envier aux crises actuelles.

Pourtant, force est de constater que les crises d'aujourd'hui sont très différentes car nous sommes dans un monde à la fois **interdépendant, multiple et fluide**. Dans une approche qui rejoint celle de Thomas Friedman (*The World is Flat : a brief history of the Twenty-First Century*, Farrar, Straus and Giroux, 2005), il est important d'avoir conscience que les crises dans un point du globe peuvent avoir des incidences sur l'ensemble du globe. En cela, nous pouvons dire que le monde est interdépendant. À cet égard, la crise des *subprimes* en 2007 est symptomatique.

La crise des *subprimes*

La crise des *subprimes* a débuté en 2006 avec l'apparition d'un krach des prêts hypothécaires à risque aux États-Unis. Elle s'est transformée en crise financière mondiale à partir du 18 juillet 2007 quand l'établissement américain Bear Stearns annonce que la valeur de deux de ses fonds s'est effondrée en raison des *subprimes*. Les *subprimes* sont des crédits hypothécaires accordés aux États-Unis à une clientèle peu solvable, en contrepartie d'une majoration du taux d'intérêt censée compenser les risques pris par le prêteur. Dans un contexte de hausse continue du prix de l'immobilier américain, les remboursements d'emprunt étaient limités au paiement des intérêts, celui du capital étant souvent différé pour s'imputer sur le prix de revente du logement deux ou trois ans après avec une plus-value. Ces prêts étaient majoritairement accordés à des conditions de taux d'intérêt variable. Le double mouvement de baisse des prix de l'immobilier aux États-Unis à partir de 2006 et de remontée des taux d'intérêt a conduit au défaut de paiement de nombreux établissements spécialisés dans les prêts hypothécaires. La crise des crédits *subprimes* américains a conduit à une défiance au niveau mondial envers toutes les institutions ayant financé de façon directe ou indirecte (via des dérivés de crédit) ce type de crédit : fonds d'investissement, OPCVM et le système bancaire. Cette crise a eu pour conséquence de provoquer à la fois la chute des marchés financiers et une crise de liquidité bancaire. Afin de faire face à la crise, les banques centrales européennes et américaines ont injecté à plusieurs reprises à partir du mois d'août de nouvelles liquidités dans le marché interbancaire. Dans le même temps, le nouveau président de la Federal Reserve Bank (Fed), Ben Bernanke, a décidé d'assouplir la politique monétaire américaine.

Le monde est également multiple. Nous entendons par multiple, le fait que le nombre de parties prenantes ayant une incidence sur les crises s'accroît (médias, consommateurs, *stakeholders*, institutions internationales…) en même temps que leur pouvoir. Dans certains pays, les consommateurs peuvent se fédérer en *class actions*[1] et faire trembler les multinationales. De même, les médias,

1. Les « *class actions* » ont été créées aux États-Unis dans les années 1960 afin de permettre aux citoyens sans défense de lutter contre les discriminations. En 1966, une loi fédérale a permis aux avocats d'entraîner un particulier dans une *class action* à condition qu'il n'y oppose pas d'objection. Cela a permis aux avocats de fédérer dans un même recours l'ensemble des victimes d'un même type de préjudice causé par un même responsable (exposition à l'amiante par un même employeur, par exemple).

qui prolifèrent en raison de la multiplication des supports d'informations (TV, Internet...), ont tendance à faire de chaque crise un événement exceptionnel et inédit en termes de gravité.

Enfin, le monde est fluide. Comme nous l'avons présenté dans le premier chapitre, les flux de biens et de personnes à travers le monde progressent année après année que cela soit grâce au développement du tourisme ou à l'approfondissement de la division internationale du travail (OCDE, *L'économie de la sécurité*, Paris, Éditions de l'OCDE, 2003). Dans un monde fluide, les crises sont censées mieux « s'exporter ». À ce titre, la crise du SRAS en 2003 qui a débuté en Chine a parcouru différents pays du monde passant d'un médecin infecté en Chine après avoir traité des patients victimes de la maladie à des clients qui l'auraient rencontré à l'hôtel Métropole à Hong-Kong, qui ont poursuivi leur séjour à Hong-Kong pour se rendre ensuite au Canada, à Singapour et au Vietnam. Elles ont été atteintes de la maladie et ont commencé à infecter d'autres personnes, dont beaucoup sont décédées (d'après l'OMS, 813 dans le monde entier).

Autrement dit, dans un monde interdépendant, multiple et fluide, la crise n'a plus la même dimension. Même si en termes de morts, la crise du SRAS est sans commune mesure avec la peste noire au Moyen Âge. La sensibilité des populations et des décideurs publics et privés est nécessairement plus aiguë. Dans ce contexte, les comportements de ces différentes parties prenantes peuvent rapidement devenir incontrôlables et provoquer des crises en série. À ce titre, et même s'il faut évidemment être très prudent, la guerre en Irak n'est-elle pas la conséquence directe du 11 septembre 2001 ? Ne faut-il pas y voir, comme la soulignait Baudrillard, une manière inconsciente pour les Américains de faire le deuil de la mort des 3 000 personnes mortes dans les Tours (Jean Baudrillard, « À la recherche du mal absolu », *Libération*, jeudi 17 février 2005) ? Par conséquent, il se met en œuvre des dynamiques de crises. La crise peut susciter de nouvelles crises. De même, les référentiels changent nécessairement. Les propos de Baudrillard relatif au 11 septembre sont à ce titre très éclairants :

> « Le 11 septembre 2001 a constitué une rupture radicale. Il est devenu évident avec l'avènement de la terreur et de l'antiterreur généralisée que toutes les grandes mythologies du futur, celles du Progrès, de la

Technoscience et de l'Histoire, qui avaient constitué jusque-là, vaille que vaille, l'imaginaire de toute la culture occidentale, puis mondiale, de la modernité, avaient fait long feu. On a bien vu surgir de cet effondrement d'innombrables petits récits, religieux, ethniques, politiques, ou le faux grand récit planétaire de l'informatique. Mais tout ceci ne suffit pas et la mondialisation est intenable à long terme sans une ligne de fuite. À défaut de se projeter dans un avenir radieux, il va nous falloir produire une autre forme de cohésion symbolique autre chose que du politique, de l'économique ou des valeurs morales » (Baudrillard, *Id.*, *Libération*, 17 février 2007).

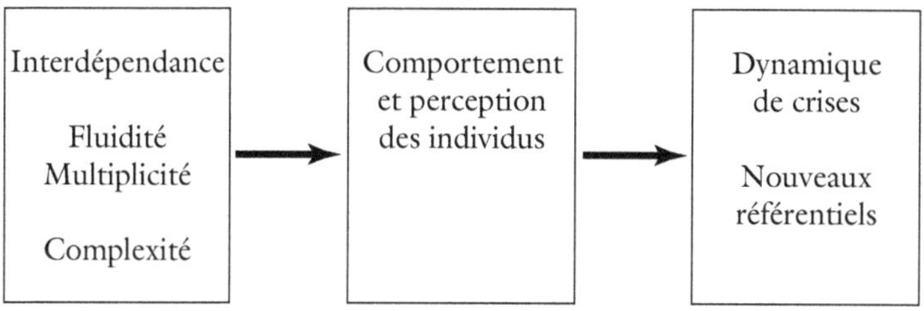

Figure 6.1 — **Les traits inédits de la crise**

Dans ces conditions, si les grandes crises du XXIe siècle deviennent inédites, il convient alors de se demander si les gestionnaires de ces crises ont trouvé la parade. En d'autres termes, comment les organisations et les sociétés en général préviennent-elles des crises telles qu'un tsunami ou un attentat ? Comment les gèrent-elles quand elles surviennent et comment communiquent-elles ? Quels sont les dispositifs qui peuvent être mis en place ? Ces dispositifs se sont-ils adaptés aux nouvelles formes de crises ?

Section 3 EXISTE-T-IL DES RECETTES POUR GÉRER LES CRISES ?

Le Pnud a publié en 1992 un programme de formation à la gestion de catastrophe qui paraît bien résumer une bonne gestion de crise. Ce programme s'articule autour de six piliers :

- l'évaluation de la vulnérabilité (1),
- le recueil et le traitement des informations disponibles relatives au risque analysé (2),
- la mise en place d'un plan de secours (3),
- l'éducation et la formation du public (4),
- la mise en place d'un système d'alerte opérant (5),
- des entraînements réguliers (6).

(1) L'analyse de la vulnérabilité est un processus continu, dynamique par lequel les individus ou des organisations évaluent les aléas et les risques auxquels faire face, et déterminent ce qu'ils désirent faire à ce sujet, le cas échéant.

(2) Une évaluation de la vulnérabilité inclut aussi les moyens de récolter des données structurées, visant à une compréhension du niveau des menaces potentielles, des besoins et des ressources disponibles immédiatement.

(3) D'un point de vue technique, les évaluations de vulnérabilité servent de point de départ dans la détermination des types de plans de secours qui seront mis en place. La planification est le cœur de la préparation contre les crises. Un des objectifs est de mettre en place des plans sur lesquels on s'est entendu, qui sont praticables, et pour lesquels un engagement et les ressources nécessaires sont assurés. Par ailleurs, le plan doit non seulement envisager comment secourir les gens mais également comment gérer leur traumatisme (assistance psychologique) et assurer la redéployabilité de l'activité mise à mal ou encore la reconstruction de ce qui a été détruit.

(4) Quant à l'éducation publique et à la formation, l'idée générale est simple, il s'agit d'indiquer à la population ce qu'il s'agit de faire en situation de crise. La planification n'est censée être efficace que si la population a connaissance de la bonne attitude à adopter en situation de crise. Cette éducation peut se faire à différents endroits : les écoles, des informations publiques (TV, radio, presse…)

(5) En période de crise, il y a de fortes chances que les systèmes de communication, comme le téléphone ou les SMS, soient indisponibles, en tout cas durant un temps. Sur cette base, une bonne plani-

fication suppose de se demander quel est le dispositif d'alerte simple, c'est-à-dire compris de tous et capable de fonctionner même dans les situations les plus graves (tempêtes, inondations, etc.). À cet égard, il faut se demander comment on peut communiquer si les lignes électriques et les stations de réception sont détruites.

Repère — Le Plan de continuité d'activité

L'entreprise doit faire face à des risques pouvant affecter son fonctionnement normal, qu'il s'agisse d'une grève dans une unité de production, d'un accident au sein d'une installation sensible ou encore des dégâts provoqués par une crue. Dans ces conditions, l'entreprise n'a d'autre choix que de mettre en place une structure permettant de faire face à ces situations imprévues et d'en limiter les impacts potentiels, tant en termes de perte d'exploitation que de risque d'image.

Le Plan de continuité d'activité (PCA) répond à cet objectif d'anticipation. Il fait partie intégrante de la politique de prévention des risques de l'entreprise, afin de garantir la continuité de ses activités lors de la survenance d'un sinistre.

Le PCA doit être compris comme un dispositif global associant la gestion de crise et l'organisation de la déclinaison de la stratégie de continuité dès lors que le fonctionnement même de l'entreprise est impacté durablement. L'activation du PCA est donc un choix stratégique. Elle sera décidée au regard des enjeux et des conséquences pour l'entreprise. Selon le Comité de la réglementation bancaire et financière, un PCA est un « ensemble de mesures visant à assurer, selon divers scénarios de crise, y compris face à des chocs extrêmes, le maintien, le cas échéant de façon temporaire selon un mode dégradé, des prestations de services [...] essentielles [...] de l'entreprise puis la reprise planifiée des activités »[1].

Un PCA formalisé et maîtrisé permet à l'entreprise de garantir un niveau minimum de service à ses clients, de respecter ses engagements contractuels, ses obligations réglementaires, et enfin de pérenniser ses revenus. Il planifie et déroule les actions devant être menées, dans une logique de continuité, en cas d'interruption d'activité liée à une situation de crise. Le PCA a pour objectif de mettre en place un dispositif pour organiser la réaction opérationnelle des collaborateurs en cas de survenance d'une

1. Règlement n° 2004-02 du Comité de la réglementation bancaire et financière.

☞

crise, maintenir les activités essentielles en mode dégradé lors d'une crise et organiser la sortie de crise pour un retour à la normale des activités de l'entreprise.

Source : Hassid O. et Cavallari O., *Réaliser le plan de continuité d'activité de son entreprise*, Maxima, 2011.

(6) Comme c'est le cas pour la plupart des simulations, les entraînements ne peuvent pas reproduire pleinement la crise et les problèmes rencontrés par les équipes de secours, notamment les problèmes de coordination entre les différents acteurs et les temps réels de réaction. Néanmoins, ils sont nécessaires car ils peuvent révéler les points faibles du dispositif ou les lacunes. Ils permettent également de faire vivre le plan de secours mis en place, enfin les entraînements donnent une idée de la réalité, permet aux gens de se préparer au pire.

Un exemple d'entraînement à une situation d'urgence dans une centrale nucléaire

Un exercice de deux jours avait eu lieu en novembre 1982 en Yougoslavie ; il simula une situation d'urgence dans la centrale nucléaire de Krsko. Plus de 70 000 personnes prirent part à la réponse des groupes et des organisations, soit sur les lieux, soit en d'autres emplacements. À titre d'exercice, le village dans le voisinage de la centrale fut choisi pour une démonstration d'évacuation complète, alors que les habitants d'une zone plus étendue furent invités à se rendre dans des abris. Des précautions furent prises pour éviter une contamination de l'approvisionnement en nourriture ; des démonstrations de lutte contre l'incendie, avec contrôle complet contre une contamination par la radioactivité, furent présentées ; des installations de décontamination furent mises sur pied et des contrôles du trafic furent établis.

Source : Bureau des secours en cas de catastrophe, *Disaster prevention and mitigation, Volume 2, preparedness aspects*, United Nations, New York 1984, p. 101.

Une fois cette présentation faite, le lecteur peut se dire que finalement la crise est une chose qui sait se gérer. Pour autant, si cette préparation est nécessaire, les professionnels ont pris conscience que de bons services de secours et un plan d'urgence ne suffisent le plus souvent pas à faire face aux dysfonctionnements en chaîne qui peuvent se produire lors d'une crise majeure. Qu'ils s'agissent de catastrophes naturelles de grande ampleur (tsunami, tempête, canicule), de risques sociaux (émeutes) ou d'alertes de santé publique (grippe aviaire, sras) ou encore d'actes de terrorisme, la gravité des événements, l'interconnexion et l'interdépendance des grands réseaux de vie (ce qui déclenche des effets domino et des effets de contagion inédits), la vitesse de ces effets, mettent souvent à mal toutes ces préparations.

Comme l'a démontré Patrick Lagadec (Patrick Lagadec, *Ruptures créatrices*, Éditions d'organisation, Les échos édition, 2000), finalement le degré de qualité de la gestion de crise repose avant tout sur quatre variables essentielles :

• **la capacité des dirigeants à faire preuve de leadership**. S'il n'y a pas un des acteurs qui est en capacité de diriger les opérations et de se faire reconnaître comme légitime pour le faire, alors une crise a de fortes chances de mal se dérouler. À cet égard, les dirigeants doivent s'y impliquer personnellement comme le fit Rudolph Giuliani, le maire de New York pendant et après les attentats du 11 septembre 2001 ;

• **la capacité des institutionnels à impliquer la population**. En période de crise, il est nécessaire de responsabiliser la population et non pas de l'infantiliser. Les populations doivent être mises au cœur de la réponse et non pas être écartées. Dans cette perspective, l'une des causes majeures de la résolution de la crise des banlieues en novembre 2005 est la forte implication des habitants et des associations d'habitants dans les quartiers sensibles : surveillance de la part des habitants de lieux symboliques, tels que les écoles, marche silencieuse dans la ville d'Aulnay-sous-bois, constitution d'une association AC Lefeu ;

• **la formation des futurs experts et des décideurs**. La culture du risque n'est pas une chose partagée, ni même la culture de la gestion de crise. Il est extraordinaire de se rendre compte que les dirigeants commettent en période de crise souvent les mêmes erreurs : ils refusent de communiquer ou nient l'événement, ils attendent un certain temps avant de se rendre sur les lieux du drame… Tout cela est dommageable pour eux (perte en termes d'image) mais a également une incidence sur la capacité à sortir de la crise. Il est donc indispensable que les dirigeants disposent de formation en matière de gestion de crise. À cet égard, Rudolph Gulliani, maire de New York au cours des événements du 11 septembre 2001, a su bien gérer la crise car il avait demandé à être impliqué dans un exercice de simulation de crise en juillet 2001 et avait même demandé de participer à un nouvel exercice qui aurait dû avoir lieu le 12 septembre 2001 !

• **la nécessité de faire preuve d'imagination et de remettre en question la gestion de la crise telle qu'elle avait été envisagée préalablement**. La gestion des violences urbaines en novembre 2005 est, à ce titre, un bon exemple. Au début des émeutes, la direction générale de la police (DGPN) adopte la politique habituelle de gestion de crise de ce type d'événements à savoir le déploiement des forces de CRS dans les lieux de crise et affrontement avec les émeutiers. Quelques jours suffisent à la direction générale pour comprendre que ce type d'interventions est inefficace : beaucoup de fonctionnaires sont blessés, cela attise plus les haines que cela ne les calme… Fort de ce constat, la DGPN change de tactique. Elle limite ce type d'interventions et favorise des interventions en petites unités, avec une forte coordination entre services de renseignements, services de sécurité publique et CRS. À partir de ce moment-là, la dynamique de crise est stoppée.

En résumé, certes les entraînements, les plans ou encore la formation des personnels de secours sont indispensables, mais il est nécessaire également d'avoir conscience que tout cela sera insuffisant en période de crise. L'incertitude est telle dans ce type de période troublée qu'il convient d'avoir des hommes formés faisant preuve de leadership capable de faire preuve d'initiatives de changement par rapport aux plans de secours proposés.

CONCLUSION

Le coût des crises a augmenté de manière exponentielle depuis un siècle. Les grandes catastrophes du début du début du XXe siècle coûtaient moins d'un milliard de dollars en moyenne. À la fin de ce siècle, elle avoisinait 40 milliards de dollars (*Source* : « Les risques émergents au XXIe siècle », OCDE 2003). Dans un monde fluide, multiple et complexe, cette croissance continue n'est pas surprenante. Néanmoins sa progression pourrait certainement être mieux maîtrisée.

D'une part, en réduisant l'incertitude. Cela suppose de former, d'informer et d'entraîner l'ensemble des parties prenantes aux crises susceptibles d'apparaître. À ce propos, le 5 décembre 2007, un rapport de l'Office parlementaire d'évaluation des choix scientifiques et technologiques concernant le risque de tsunami sur les côtes françaises soulignait « l'impréparation de la France face à ce phénomène, alors que le risque était non négligeable ». Sur la base des tsunamis répertoriés depuis le début du XXe siècle, 77 % ont eu lieu dans le Pacifique, contre 9 % en Méditerranée, 10 % dans l'océan Atlantique et 4 % dans l'océan Indien. Il est nécessaire de rappeler aussi qu'en France le 16 octobre 1979, une partie de l'aéroport de Nice s'est effondrée après l'impact provoqué par des vagues de 3 mètres.

D'autre part, en faisant évoluer nos représentations en matière de gestion de crise. Ce n'est pas parce que l'on dispose d'un plan ou d'un centre opérationnel de gestion de crise que tout est sous contrôle. La question de la flexibilité et de l'adaptation est au cœur du problème. Les crises futures seront d'autant mieux gérées que les « barrières mentales » seront tombées, comme le rappelle Patrick Lagadec au cours du colloque du 5 décembre 2007 organisé par le CDSE (*www.cdse.fr*). Autrement dit, les décideurs doivent être en capacité de réinterroger leur plan et de faire preuve d'une force de réflexion rapide.

L'essentiel

Par crise, il faut entendre tout bouleversement vécu par le sujet ou la population. La crise repose sur plusieurs dimensions : le déferlement (somme de complications qui fragilise les capacités de défense), le dérèglement (mise à mal de la coordination entre les différentes parties prenantes) et la divergence (interprétations diverses de la crise). En outre, la nature de la crise varie : les crises standard perturbent l'environnement mais étaient prévues et sont plutôt bien gérées, certaines crises peuvent être prévues mais la gravité de celles-ci dépassent ce que l'on attendait et enfin les crises peuvent être impensables, c'est-à-dire non prévues sous leur forme et leur gravité.

Les crises actuelles sont par ailleurs différentes des crises passées du moins parce que les plus graves sont inédites, en raison des caractéristiques du monde actuel. Celui-ci est en effet devenu « plat » pour rependre les termes de Thomas Friedman. Plat, car interdépendant, multiple et fluide. Ces différentes composantes du monde actuel a pour conséquence de modifier considérablement les référentiels, les perceptions, les attentes des individus et les dynamiques de crise dans nos sociétés.

Si les crises sont pour une partie d'entre elles inédites, peut-on encore les anticiper et se préparer à y faire face ? Les réponses vont être particulièrement délicates à penser. Pour autant, il convient plus que jamais de sensibiliser les individus, au premier rang desquels les décideurs, aux problématiques de crise. Pour cela, si l'évaluation des vulnérabilités, la mise en place de plans de secours et le traitement des informations disponibles relatives au risque analysé restent utiles, il convient surtout de préparer les individus et de les rendre vigilants. Pour cela, l'éducation et la formation du public, l'organisation d'entraînements réguliers, la mise en place d'un comité de direction sur le sujet ou de séminaires de leadership en temps de sévère turbulence constituent quelques méthodes pour faire face aux nouvelles formes de crise.

Questions

1. Quelles sont les dimensions d'une crise ?
2. Qu'est-ce qu'un PCA ?
3. Quelles sont les crises impensables de ces dix dernières années ?
4. Quels sont les paramètres d'une bonne gestion de crise ?

Conclusion

La question de la gestion des risques n'est pas nouvelle, et a été particulièrement analysée à la fin des années 1970 et durant la décennie 1980 par différentes branches des sciences humaines : gestion, sociologie, économie, sciences politiques, les deux figures de proue étant, d'une part, le philosophe Hans Jonas, qui s'est concentré sur la notion de principe de responsabilité et, d'autre part, le sociologue Ulrich Beck décrivant les sociétés modernes comme des « sociétés du risque ». Puis, au cours de la décennie 1990, ces différentes branches ont montré moins d'intérêt par rapport aux réflexions sur les risques et leur gestion. Il fallut attendre le début du nouveau millénaire pour retrouver des recherches importantes dans ce domaine.

Cette tendance est confirmée dans les milieux industriels. Très investies au cours des années 1970 et 1980, les entreprises ne se mobilisent plus par rapport à ce sujet la décennie suivante, davantage intéressées à créer de la valeur par des fusions-acquisitions, par du *reingenering* ou *downsizing*. Les marchés financiers encensent

Messier, qui est pourtant un « spéculateur chevronné » et les fonds de pension sur-investissent sur des actions risquées : Enron, Alstom, Alcatel, etc.

Or les faillites retentissantes de grands groupes et les attentats du 11 septembre 2001 ont entraîné un retournement de cycle. Les entreprises semblent à nouveau privilégier la sécurité. Les fusions acquisitions ne sont plus légion et l'essentiel des firmes investit dans des techniques de sécurité et de prévention sophistiquées qui nécessitent à la fois le recours à une expertise pointue et l'utilisation des nouvelles technologies. Par conséquent, l'intérêt par rapport à la question de la gestion de risques ressurgit. Cette transformation amène donc à se demander si les décideurs ont modifié leur manière de gérer les risques au cours de ces vingt dernières années.

Aussi surprenant que cela puisse paraître, pour un certain nombre de cas, la gestion des risques n'a pas changé ou de manière marginale. Les dispositifs de traitement des risques n'ont pas été révolutionnés. Le leitmotiv reste la capitalisation de la connaissance, le retour d'expériences ou encore l'identification d'une cartographie des risques. Pourtant, comme nous avons pu le démontrer, une bonne gestion du risque ne peut se limiter à ces principes. En effet, la capitalisation de la connaissance et de l'information peut également réduire la qualité de la gestion du risque. De même, une cartographie des risques a de fortes chances de devenir rapidement obsolète dans un contexte incertain et changeant. Partant de ce constat, il est clair que de nombreuses entreprises font encore de la gestion des risques parce qu'il faut en faire, mais n'ont absolument pas de stratégies en la matière.

Néanmoins, l'état des lieux ne peut être aussi sévère. Nombre d'entreprises (encore une minorité) ont pris la mesure des transformations sociétales. Dans cette perspective, des entreprises prennent maintenant en compte les risques humains et moraux. La question de la violence au travail (harcèlement moral ou sexuel, agression verbale ou physique) est à cet égard traitée dans certaines organisations par le recours à des formations au stress, le recrutement de psychologues ou encore des thérapies de groupes. De même, un grand nombre d'entreprises ont dû et ont su s'adapter à l'essor du risque informationnel. Face aux *hackers*, *phreakers* et autres *corsaires*, les entreprises s'allient avec des entreprises informatiques, des cabinets de conseil et/ou la police pour les contrer.

Devant le développement de nouveaux producteurs de risques, comme les anciens agents d'espionnage de la guerre froide reconvertis dans l'espionnage économique, les entreprises ont dû réagir, notamment en recourant à de nouveaux acteurs, tel que le marché de la sécurité, ou à de nouvelles professions, les préventeurs, médiateurs et autres *risk managers*. De même, si le caractère polymorphe du risque s'est affirmé au cours du temps, heureusement les dispositifs de prévention et de protection ont tout de même évolué et ont su s'adapter à leur nouvel environnement. En réaction à la multiplication des flux d'informations, notamment *via* Internet, et les dangers qui en découlent, des progrès techniques ont été réalisés en matière de sécurité. Par exemple, les avancées en télémédecine stimulent la mise au point de solutions de sécurité dans le domaine de la santé. Aujourd'hui, les ordinateurs stockent les informations médicales, lesquelles sont envoyées par fax à des bureaux vers les hôpitaux. De même, les communications sensibles sont fréquemment envoyées par courrier électronique. La protection de la vie privée des patients est donc devenue un élément essentiel des systèmes de santé. Or, grâce au Public key infrastructure (PKI), les données sensibles, notamment celles concernant les clients, peuvent être traitées et communiquées en toute sécurité aux bonnes personnes (O'Boyle D., Arend K. et C., *Sécurité Informatique : l'aube d'une ère nouvelle*. Un livre blanc commandité par Steria et préparé par IDC France, Les essentiels Stéria, juin 2003.).

Enfin, avec les transformations du risque, les entreprises ont été obligées de changer d'état d'esprit. Les autres organisations ne peuvent plus être perçues comme seulement concurrentes, mais doivent aussi devenir des partenaires. Aujourd'hui, les entreprises sont donc amenées à travailler de concert avec d'autres entreprises, mais aussi avec de nouveaux opérateurs : les collectivités locales, les institutions publiques (Police, Justice, etc.) ou encore des organisations internationales.

Tableau 1 — **Bilan des évolutions en matière de gestion des risques**

	Gestion des risques au cours de la période : 1970-1980	Les nouveautés en gestion de risque au cours de la période : 1990-2010
Nature des risques	Technologique. Socioculturelle. Politique. Économique et financière.	Informationnelle. Physique et morale.
Les gestionnaires de risque	Les entreprises. Les assurances. Les experts.	Justice/Police. Citoyens/victimes.
Lieux les plus vulnérables	Les entreprises.	Les institutions publiques. Les espaces ouverts au public.
Dispositifs de traitements des risques	Dispositifs légaux et informels. Dispositifs stratégiques. Dispositifs techniques. Dispositifs communicationnels. Couvertures d'assurance.	Concentration des moyens sur les travailleurs à risque. Nouvelles technologies.
Analyse du risque	Perspective statique.	Perspective dynamique.

Ces transformations sociétales, facteurs de nouveaux risques, doivent également amener les décideurs publics et privés à repenser leurs choix et leurs méthodes. À ce titre, l'externalisation n'est pas toujours la meilleure manière de combattre le risque. L'intégration d'activités contiguës aux risques peut faciliter la création d'une culture du risque, culture qui peut s'avérer nécessaire dans un contexte où les risques sont de plus en plus complexes et polymorphes. De même, si les décideurs choisissent de collaborer, ils doivent définir les droits et responsabilités de chacun sur la base de règles intangibles, comme c'est le cas dans le cadre du partenariat public/privé avec les techniques de Partnering et d'Alliancing.

Cette observation nous conduit à nous demander si la constitution d'une gouvernance du risque n'est pas un danger pour nos sociétés. À force de maillage, la lisibilité des responsabilités de chacun s'efface. Les grandes institutions internationales, comme la Banque mondiale, l'OCDE ou le FMI ont beau demander plus de transparence, il paraît clair que les cloisonnements tombent et les partenariats se mettent en œuvre ; il est difficile de définir les droits et responsabilités de chacun. Par conséquent, on peut se demander si le développement des partenariats publics privés – communément appelés gouvernance – ne constitue pas un risque nouveau.

En conclusion, il reste à s'interroger sur le futur des risques. Lors de notre développement, nous avons insisté sur l'idée que la gestion des risques supposait une bonne prévision des risques à venir. A-t-on envisagé l'ensemble des risques présents et surtout futurs ? Certainement pas. Nos sociétés sont concentrées sur les risques terroristes et sécuritaires auxquels ne se résument pas les risques à venir. *Le dictionnaire des risques*, ouvrage dirigé par Yves Dupont, laisse en effet paraître très distinctement que le risque futur sera génétique. Les délits génétiques sont à prévoir. Dans cette perspective, le livre rappelle que le génie génétique est un domaine majeur de transformation du vivant. Ses applications se développant plus rapidement que les méthodes adaptées de régulation et de contrôle, ses bénéfices risquent de se concentrer sur quelques-uns au détriment de l'intérêt général. De ce fait, on peut prédire la survenue, au XXIe siècle, d'un certain nombre de délits génétiques, d'interventions génétiques modificatrices représentant un danger pour les organismes, les hommes, les organisations et la société, telles que le dopage génétique, les armes biologiques, le développement des OGM ou celui du clonage. Le plus grand risque est donc futur, combinant les risques mettant en danger la personne humaine, les risques informationnels et les risques génétiques. Il importe de s'y préparer et de le gérer avant même qu'il ne devienne réalité. C'est ce qui s'appelle du « *catastrophisme éclairé* » (Dupuy J.-P., *Pour un catastrophisme éclairé, quand l'impossible est certain*, Paris, Éditions du Seuil), démarche pourtant positive puisqu'elle permet d'anticiper les défis auxquels nos sociétés devront répondre à l'avenir.

Annexe I — Des bonnes pratiques en matière de gestion des risques : une approche internationale

En 1999, le secrétariat du Conseil du trésor d'Ottawa (Canada) rattaché au gouvernement fédéral canadien a demandé à KPMG, entreprise d'audit et de conseil, de réaliser une étude sur les pratiques exemplaires de gestion des risques dans les secteurs privé et public au niveau international[1].

L'objet de cette étude est d'aider le gouvernement fédéral à se moderniser et à moderniser ses fonctions de contrôle. « Le résultat de ces travaux devrait prendre la forme d'une politique générale qui établit le contexte de la gestion des risques au niveau fédéral, ainsi que l'encadrement, les outils, les techniques et la formation, à l'usage des ministères fédéraux » (p. 9 du rapport).

Cette étude a été réalisée sur la base d'un échantillon de 18 organisations (12 privées et 6 publiques) provenant de différents pays (Afrique du Sud, Allemagne, Australie, États-Unis, France, Suède, Suisse, Royaume-Uni...). Il s'agit d'entreprises de différentes activités : industries de fabrication, mines et ressources naturelles, services financiers, produits pharmaceutiques, technologie et communications, et services publics.

Il nous semble intéressant de reproduire les résultats de cette étude en y intégrant conjointement les résultats auxquels nous avons pu parvenir, résultats présentés dans la revue *Sociétal* (« De la protection matérielle des entreprises à la protection humaine dans les collectivités locales, » *Sociétal*, n° 50, 4e trimestre 2005).

Il est enfin important de noter qu'il ne s'agit pas de faire l'inventaire de la gamme complète des pratiques de gestion des risques, mais d'étudier les pratiques efficaces pour aider une organisation à atteindre ses objectifs en matière de gestion des risques et qui représentent une plus value pour l'organisation.

1. Quand une politique de gestion des risques crée-t-elle de la valeur ?

La mise en œuvre d'une politique de gestion des risques est souvent perçue par les décideurs comme un surcoût. Il s'agit de recruter des personnes dont le profil de poste est flou, qui vont tout faire pour vous démontrer qu'il ne faut rien faire, que tout investissement, tout rachat est nocif...

Cette approche est évidemment tronquée. La mise en place d'une gestion de risques dans une organisation présente différents avantages : ☞

1. KPMG, *Les pratiques exemplaires en matière de gestion des risques dans les secteurs privé et public au niveau international*, Rapport final préparé pour le secrétariat du Conseil du trésor, Ottawa, 27 avril 1999, 64 pages.

☞

– elle doit aider à atteindre les objectifs de l'organisation et à déterminer les risques qui pourraient l'en empêcher ;
– elle doit permettre de rationaliser la stratégie du groupe ;
– elle favorise le changement dans l'organisation ;
– elle contribue à l'amélioration de la gestion financière et opérationnelle ;
– elle renforce le processus de planification et la façon d'aider la direction à déceler les perspectives profitables ;
– elle accroît la visibilité des responsabilités exactes de chaque membre de l'organisation et entre organisations.

2. Les pratiques efficaces en matière de gestion de risques

La mise en œuvre d'une politique efficace de gestion des risques s'inscrit nécessairement dans une démarche dynamique en articulant différentes branches (d'où l'idée de roue).

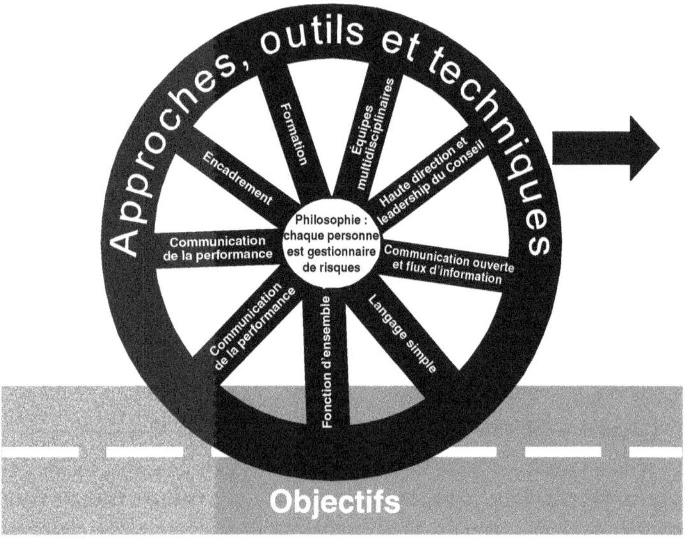

Source : KPMG

Avant toute chose, l'intégration de la gestion des risques au sein d'une organisation nécessite que chaque employé se considère comme un gestionnaire des risques, c'est-à-dire qu'il soit responsable de ses actions. Par exemple, un employé fait attention à ne pas boire durant la période de travail afin de ne pas mettre en danger les autres personnes surtout s'il est amené à conduire (exemple du chauffeur de bus ou du taxi).

☞

☞

Une organisation interrogée dans le cadre de l'enquête notait que la culture avait pris naissance dans les rangs de ses employés, pour ensuite se propager jusqu'au comité exécutif.

Voici quelques pratiques de mise en œuvre d'une culture organisationnelle de gestion de risques :

- mise en place de fiches navettes ou de cahiers de « doléances » qui permettent aux salariés de signaler des événements qui leur paraissent anormaux ;
- participation de tout le personnel aux activités de gestion des risques au moyen de comités et de réunions ;
- mise en place d'un département de gestion de risques qui diffuse de l'information sur le sujet au sein de l'ensemble de l'organisation (à travers des formations, un journal, des envois e-mails...) ;
- mise en place d'incitations auprès du personnel pour qu'il assimile une culture du risque (intégration de critères de gestion de risques dans la *scorecard* du salarié...) ;
- mise en place de pénalités de la part de l'État pour s'assurer que les directeurs des organisations ne mettent pas en danger leurs salariés ;
- « mise en vigueur de programmes de rémunérations qui découragent l'excès de prise de risques. Par exemple, une des entreprises interrogées a mis en place un « indice de viabilité » pour calculer les bonus de la direction, cet indice étant calculé en prenant le coût de l'électricité, les résultats atteints en matière d'action positive et la performance technique de l'usine, des lignes de transmission et du réseau » ;
- mise en place de charte de déontologie, de code éthique...

Un deuxième élément essentiel à la mise en place d'une politique efficace de gestion des risques est **l'implication de la direction générale et de manière plus étendue du comité exécutif**. Il est assez surprenant de constater encore que le top management de certaines grandes entreprises considère la gestion de risques comme une sorte de « folklore » sans intérêt. Or, il ne peut y avoir de gestion de risques efficace et de *risk manager* légitime si le top management ne soutient pas cette politique ou la soutient mollement. L'une des conditions nécessaires à la réalisation d'une politique de gestion de risques est bien que le top management « définisse et communique les niveaux de risques acceptables » (p. 4).

Dans cette perspective, l'un des membres du comité exécutif, voire le directeur général lui-même, doit être à l'initiative des actions en matière de gestion de risques. La création d'un comité de gestion de

☞

☞

risques doit être mise en place par le directeur général. Le comité exécutif doit envisager également de donner une place à la gestion des risques dans la définition de sa stratégie générale dans le cadre de ses séminaires annuels. À ce titre, si telle entreprise envisage tel rachat ou telle externalisation, quels sont les risques matériels, humains et immatériels que cela induit ? Qu'est-ce que cela entraîne en matière de responsabilité civile ? Chaque nouveau dossier commercial doit aussi intégrer une analyse des risques... Afin de favoriser une plus grande implication de la direction générale, il n'est pas inutile, comme le rappelle une des organisations interrogées, que le responsable des risques rappelle régulièrement à sa hiérarchie la jurisprudence en la matière. Comme le note le rapport, nombre de dirigeants n'ont qu'une connaissance très vague des peines encourues quand ils ne prennent pas les mesures de prévention suffisantes.

Troisièmement, les pratiques rapportées dans le cadre du rapport réalisé par KPMG démontrent qu'une communication ouverte est nécessaire au succès de la gestion des risques. Cette communication peut se réaliser sur l'intranet, par le journal interne, *via* les différents comités de l'organisation, les rapports annuels ou encore des présentations faites à la direction générale sur le processus de gestion des risques.

Deux difficultés se présentent à ce niveau. D'une part, la rétention d'informations est une approche malheureusement très partagée dans les organisations. Il est difficile que chacun collabore et communique l'information utile à la mise en place d'une politique partagée de gestion de risques. D'autre part, les gestionnaires ont besoin de canaux de communication directs vers le haut, vers le bas et à travers leurs unités organisationnelles pour les aider à détecter les risques et à prendre les mesures appropriées. Or, ces canaux sont souvent entravés, bloqués que cela soit par l'assistante, le directeur commercial ou encore par le chef de service qui ne souhaite pas que ses subordonnés soient utilisés à d'autres fonctions que celles qui concourent à la production de son service.

Quatrièmement, il est nécessaire de constituer des équipes à la fois formelles et informelles qui participent à l'élaboration d'une politique de gestion de risques. La mise en place d'une *task force* composée des niveaux opérationnels, stratégiques, techniques... et qui aura une durée de vie de courte ou de moyenne durée (un comité de gestion de risques a tendance à s'essouffler dans la durée. Il est important qu'une partie des gens qui le composent soit remplacée au bout d'une année) doit permettre d'amener des disciplines diverses à se concentrer sur des objectifs communs, notamment celui de limiter les risques. Sorti de ces

☞

comités « formels », il peut être intéressant d'encourager le travail transversal afin de faire ressortir les difficultés rencontrées dans chacune des unités de l'organisation.

6 autres points majeurs sont recensés par KPMG afin de réaliser une politique exemplaire de gestion de risques :

– utiliser un langage simple pour communiquer sur les risques ;
– créer un leader des risques : *risk manager*, chef des risques, gestionnaire des risques ;
– communiquer sur la performance de la gestion des risques. Par exemple, le département du contrôle interne peut communiquer les résultats du suivi des risques à la direction générale ;
– vérifier la qualité du travail réalisé par des auditeurs internes ou externes ;
– encadrer les pratiques mises en œuvre. Par exemple, en France, le ministère de l'Intérieur a mis à la disposition des collectivités locales des documents d'orientation pour réaliser un Plan communal de sauvegarde[1]. La mise en place de trousse à outils à la disposition des acteurs concernés est bien souvent nécessaire, voire indispensable ;
– former. Les personnels peuvent être formés à la gestion de risques. Différents séminaires sont possibles : séminaire d'évaluations du risque, séminaire des bonnes pratiques, séminaire sur les exigences législatives...

3. Quelques outils de gestion de risques pertinents

Comment élaborer un relevé des risques et comment les prioriser pour une organisation ? Si ce relevé est essentiel afin de comprendre et d'absorber les risques qui l'affectent, il convient de se demander de quels outils elle dispose pour le faire.

Il ressort des audits réalisés par KPMG trois pratiques intéressantes :

1. Dresser une liste des divers risques de l'organisation

Pour identifier et évaluer les risques, les organisations interrogées recourent à différentes techniques : les groupes de remue-méninges, des ateliers, des questionnaires, des auto-évaluations... Une fois listés, ces risques seront répartis en quadrants en fonction de leur haute ou

1. Pour consulter ce guide : http://www.interieur.gouv.fr/sections/a_l_interieur/ defense_et_securite_civiles/gestion-risques/guide-pratique-elaboration/download File/ attachedFile/ Guide_PCS.pdf?nocache=1142873317.78

faible probabilité de se produire et de la gravité plus ou moins importante de la perte qui en résulterait.

2. Élaborer une carte des risques tenant en une seule feuille de papier

La carte donne une évaluation comparative de tous les risques opérationnels, financiers, aléatoires et stratégiques auxquels l'organisation doit faire face.

3. Élaborer une grande matrice des risques

Il est important de souligner que cette matrice doit prendre en compte les menaces les plus dommageables pour l'organisation.

La mise en place d'outils de modélisation est également nécessaire à l'anticipation des risques futurs. Les organisations interrogées recourent à une palette variée d'outils. Citons en quelques-uns : l'analyse des scénarios, l'analyse statistique, les modèles financiers, l'évaluation des risques techniques à l'étape du développement des nouveaux produits, l'accumulation de l'expérience sur la base des projets passés.

4. Conclusion

Cinq grandes conclusions ressortent de l'étude réalisée par KPMG sur les bonnes pratiques en matière de gestion des risques dans les secteurs privé et public au niveau international.

1. Certaines organisations parviennent à sensibiliser les gestionnaires à l'existence des risques et à la gestion des risques. Par conséquent et de manière générale, malgré les réticences rencontrées, il est possible de sensibiliser tout gestionnaire à ces questions. Michel Crozier avait écrit que « on ne change pas la société par décret ». Dans une perspective proche, on peut dire qu'on n'impose pas à des gestionnaires de devenir des praticiens convaincus de la gestion des risques. Néanmoins, certaines actions (rappel des implications pénales, rappel du coût provoqué par les crises...) permettent de rappeler aux managers les plus récalcitrants qu'il est nécessaire de se préoccuper des risques de l'organisation. Bien évidemment, « la gestion des risques atteint son maximum d'efficacité lorsque les gestionnaires et les employés sont au diapason de la gestion des risques » (p. 31).
2. Le rapport souligne que la gestion des risques et les fonctions d'ordre éthique de l'entreprise fonctionnent de pair. Par exemple, un code d'éthique écrit est un mécanisme de communication des valeurs d'une organisation et des risques y afférents. De même, la mise en place d'un code éthique doit rassurer les collaborateurs de l'entreprise et les inciter à partager l'information qu'ils détiennent. De manière générale et pour prolonger ce rapport, les actions ayant

trait au « développement durable », à la « responsabilité sociale » participent à la construction d'une culture commune visant un meilleur traitement des risques (cf. Chapitre I).

3. La gestion des risques est un processus dynamique. Malheureusement, trop souvent, une fois réalisé le plan de gestion de risques, les dirigeants considèrent le travail terminé. Or tel n'est pas le cas. « Au fur et à mesure que changent les besoins et les risques opérationnels, de nouveaux processus ou outils de gestion des risques sont nécessaires. » Les frontières de l'entreprise changent, il est normal que la politique de gestion de risques évolue. Par ailleurs, les transformations de l'environnement institutionnel (nouvelle réglementation, nouvelle directive) ou encore la réalisation d'une crise nécessitent des adaptations. Enfin, au sein d'une organisation, les individus changent. L'arrivée d'un directeur financier passionné par cette question ou en revanche le départ de la cheville ouvrière qui faisait vivre le plan a une incidence positive ou négative sur l'évolution de la gestion des risques au sein de l'organisation.
4. Il n'y a pas de gestion de risques sans l'implication des spécialistes fonctionnels. Le responsable informatique d'une entreprise ou le responsable Web d'un service public a sa part à prendre dans le dispositif de gestion de risques. Si le responsable informatique traîne les pieds pour s'investir, s'il est inaudible (il ne sait parler qu'en bits), le dispositif de gestion de risques a de fortes chances d'être incomplet. Il faut l'appui des services fonctionnels pour que le plan vive et fonctionne.
5. Faute de ressources, il n'est pas possible d'entrevoir la mise en place d'une politique de gestion des risques. La gestion des risques n'est pas le résultat uniquement de comités ou de relations interpersonnelles, il est nécessaire de mettre en place des formations, de développer des processus et des techniques, de recourir à des spécialistes internes ou externes, de recourir à des logiciels de gestion des risques. Tout cela a évidemment un coût.

TABLEAU RÉCAPITULATIF

Pratiques exemplaires / Critères d'évaluation	Susceptible de s'appliquer largement, au-delà de la protection des biens et des personnes	Stimule un milieu de travail favorable	Soutient l'innovation	Améliore la prestation du service : par exemple, l'efficacité, l'efficience	Améliore l'accès au gouvernement et à ses services	Facilite la prise de décisions de la direction	Fait la promotion d'une saine allocation des ressources	Facile à comprendre et à utiliser (langage ordinaire, convivial pour l'utilisateur)	Aide les gestionnaires à comprendre le contexte et les implications des risques	Montre la communication avec les intéressés et leur participation	Facilite les mouvements culturels et la gestion du changement	S'appuie sur les connaissances existantes et les leçons apprises qui sont dans l'organisation	Tient compte des coûts d'opportunité	Possède un cadre de règle clair
Philosophie organisationnelle à l'effet que tous et chacun sont gestionnaires de risques	✔	✔	✔	✔		✔	✔			✔	✔	✔		
Leadership de la haute direction/du conseil d'administration	✔			✔		✔					✔	✔		✔
Canaux de communication ouverts	✔	✔	✔	✔		✔		✔	✔	✔	✔			
Équipes et comités	✔	✔	✔	✔		✔		✔			✔	✔		
Langage simple, ordinaire	✔					✔		✔	✔	✔	✔			
Fonction de gestion des risques de l'entreprise	✔		✔				✔		✔			✔		
Communication de la performance	✔			✔			✔			✔				✔
Assistance de/à la vérification interne	✔		✔									✔		
Encadrement	✔	✔	✔	✔				✔	✔		✔			
Formation	✔	✔	✔	✔				✔	✔		✔	✔		
Cartographie des risques opérationnels	✔			✔		✔	✔	✔	✔			✔		
Outils de modélisation	✔			✔		✔	✔		✔			✔		
Techniques d'identification et d'évaluation	✔			✔		✔	✔		✔			✔		
Internet/Intranet	✔	✔	✔					✔						

Source : KPMG

Annexe II — Spécificités de la gestion des risques dans le secteur public

Le risque est généralement associé à l'activité des entrepreneurs. Ces derniers investissent dans l'acquisition de biens de production et espèrent à terme en tirer un bénéfice. Le gain est espéré, il n'est pas certain. Le risque se comprend donc ici comme « un danger éventuel plus ou moins prévisible ». Dans cette perspective, la prise de risque n'a de sens que dans la mesure où la réalisation de l'activité a une certaine probabilité de procurer un enrichissement. *A contrario*, l'interruption de l'activité (en raison de catastrophes naturelles, d'incendie, de vols...) vient réduire les chances d'enrichissement et l'attractivité de l'investissement. Par conséquent, l'entrepreneur protège avant toute chose la continuité de son activité et garantit la sécurité de ses biens de production. Les enjeux de l'entreprise sont donc moins humains et avant tout matériels et financiers.

Depuis quelque temps, le curseur est en train de se déplacer. Dans un contexte de montée en puissance des collectivités locales en Europe, en tant que catalyseur d'investissements et de développement économique[1], le risque prend une tournure moins matérielle et beaucoup plus humaine. Pour preuve, la loi sur la modernisation de la sécurité civile du 12 août 2004 impose aux collectivités locales de gérer leurs risques à travers un Plan communal de sauvegarde (PCS). Or la loi insiste sur l'idée que le PCS doit être avant tout conçu pour assurer la protection, l'accompagnement et le soutien des personnes en période de crise[2]. De même, il est demandé aux communes depuis la loi du 30 juillet 2003 relative à la prévention des risques technologiques et naturels de mettre en place des Plans de prévention des risques technologiques (PPRT) autour des usines SEVESO. Il s'agit ainsi pour 900 communes de participer à la rédaction de 419 plans dont le but est de limiter l'exposition de la population aux conséquences des accidents.

1. P. Le Galès, *Le retour des villes européennes*, Paris, Presses de Science Politique, 2003.

2. Dans le J.O. n° 190 du 17 août 2004, la loi n° 2004-811 du 13 août 2004 de modernisation de la sécurité civile, article 13, dispose : « *le Plan communal de sauvegarde regroupe l'ensemble des documents de compétence communale contribuant à l'information préventive et à la protection de la population. Il détermine, en fonction des risques connus, les mesures immédiates de sauvegarde et de protection des personnes, fixe l'organisation nécessaire à la diffusion de l'alerte et des consignes de sécurité, recense les moyens disponibles et définit la mise en œuvre des mesures d'accompagnement et de soutien de la population. (...). La mise en œuvre du plan communal ou intercommunal de sauvegarde relève de chaque maire sur le territoire de sa commune.* »

La création des PCS et des PPRT traduit bien les enjeux des collectivités locales en matière de gestion de risques. L'enjeu pour les élus comme pour les fonctionnaires n'est pas la protection matérielle et financière de leur organisation. Il est essentiellement la protection des administrés. Lorsque la sécurité, au sens large, c'est-à-dire la sécurité publique, technologique et sanitaire, n'est plus garantie, les collectivités locales avec la collaboration de différents organes de l'État (sapeurs-pompiers, préfecture, police nationale...) doivent avoir anticipé et établi un plan de secours suffisamment efficace pour protéger les personnes, sous peine d'être sanctionnées. Pour les institutions publiques, à la différence des entreprises, la continuité de l'activité (ce qui peut paraître étonnant sachant que c'est un principe de base du service public) et la protection des biens de production ne sont donc pas vitales. Est vitale la sécurité de l'administré.

Différents événements au cours du nouveau millénaire tendent à valider cette hypothèse. En 2003, par exemple, c'est le manque de réactivité des différentes administrations face à la canicule, faisant de manière indirecte des milliers de morts, qui a entraîné la démission du ministre de la Santé de l'époque, Jean François Mattei. Autre exemple, le manque d'investissement des politiques par rapport aux questions de sécurité publique, dans un contexte de hausse du taux d'atteinte contre les personnes au début des années 2000, a entraîné un bouleversement de l'échiquier politique et une progression forte du front national. À l'inverse, l'explosion en 2001 de l'usine AZF à côté de Toulouse n'a pas eu de conséquences politiques majeures et même si *a posteriori*, la mairie reconnaît volontiers que la remise en route des activités autour de l'usine et le relogement des personnes ne se sont pas bien passés, tout cela ayant pris beaucoup de temps. Ce n'est pas sur ce point que la mairie a été jugée. Elle l'était plus sur la gestion de crise et l'évacuation. Or l'évacuation s'est faite rapidement et notamment grâce à une organisation sans faille des secours.

Par conséquent, la remise en question de l'organisation publique et de l'organisation privée n'est pas liée aux mêmes facteurs. Cette conclusion est fondamentale, notamment dans la compréhension des logiques publiques et privées. En effet, nombre de travaux essaient de définir les contours de chacune de ces structures, les recoupements et les différences. Plusieurs paramètres avaient déjà été avancés pour les différencier : des critères de performance, de justice, de légitimité... Cependant, aucun de ces arguments ne convainc. Par effet mimétique certainement et pour échapper à la critique, les organisations ont ten-

☞

dance à se copier et par conséquent à se ressembler. Dans ces conditions, les différences tendent à se gommer[1].

Or là nous touchons une différence qui va certes s'atténuer avec le temps mais qui ne pourra jamais totalement disparaître. Bien que les entreprises prêtent aujourd'hui plus attention à la sécurité physique et à l'intégrité de leurs salariés, comme à celles de leurs clients – pour preuve par exemple le développement de recrutement de psychologues du travail en entreprise – en terme d'investissement, l'intérêt est bien inférieur en proportion aux moyens destinés à la poursuite de l'activité. À cet égard, l'exemple de la gestion des risques du World Trade Center est symptomatique. Autant les entreprises ont pu rapidement après l'attentat du 11 septembre 2001 transférer en d'autres lieux leurs activités et leur siège, autant les seuls moyens de prévention des civils se sont limités en grande partie à des entraînements d'évacuation.

De même, si les administrations publiques doivent *a priori* en cas de crise chercher à rétablir le plus rapidement possible le fonctionnement normal de leurs services et donc garantir la protection des moyens de production (qu'il s'agisse des moyens humains ou des moyens matériels), en pratique, cette préoccupation n'est pas essentielle. Les contraintes budgétaires fortes, que supportent notamment les collectivités locales, les conduisent à faire des arbitrages en faveur de l'humain. En matière de prévention, elles préféreront disposer d'une police municipale qui soit prête à porter secours aux administrés. *A contrario*, elles négligeront l'élaboration d'un plan de continuité des services.

Pour nous résumer, la gestion des risques, *a priori* apanage des entreprises, intéresse également depuis peu les collectivités locales et de manière plus globale les institutions publiques. Nombre de nouveaux dispositifs réglementaires en sont la preuve : plan communal de sauvegarde, plan de prévention des risques technologiques, plan de prévention en milieu scolaire, contrat local de sécurité... Or si les unes et les autres ont, semble-t-il, des convergences d'intérêt par rapport à ce champ d'analyse, la traduction opérationnelle est très différente. La survie des organisations privées et des organisations publiques ne repose pas sur les mêmes fonctions vitales : protection des moyens matériels d'un côté, contre protection des individus de l'autre.

☞

1. P. Di Maggio, W. Powell (eds), *The New institutionalism in organization analysis*, Chicago, Chicago University Press, 1991.

☞

De nouveaux acteurs et de nouveaux enjeux ne peuvent alors que produire des changements profonds dans les modalités de gestion des risques. La protection matérielle est unidimensionnelle. La protection de l'humain est multidimensionnelle. Il ne suffit pas d'assurer sa sécurité, il faut également le rassurer. Cette transformation a ainsi entraîné l'arrivée de nouvelles professions dans le domaine : des médiateurs, des psychologues, des médecins... En outre, la gestion de crise est plus complexe. D'une certaine manière, il est plus facile de gérer l'effondrement d'un réseau électrique, comme ce fut le cas en 1998 au Québec, que de gérer des mouvements de foules. Il suffit de penser aux mouvements de foules produits au sein de l'enceinte du stade du Heysel en 1985. Par conséquent, les systèmes d'alerte et d'information doivent prendre en compte la psychologie des personnes et des foules. Les *risks managers* doivent intégrer dans leur plan de secours cet aspect sous peine d'échouer en période de crise.

De nouveaux acteurs et de nouveaux enjeux imposent par ailleurs de s'interroger sur ce qui pourrait être appelé la « gouvernance du risque ». La gouvernance peut se définir comme un processus de coordination d'acteurs, de groupes sociaux, d'institutions pour atteindre des buts discutés et définis collectivement. Dans ce cadre, l'interaction entre organisations publiques et privées a des effets ambigus, voire contradictoires. En effet, si ces organisations ont des contours différents, il est possible de créer des complémentarités. Face à un accident technologique par exemple, le responsable d'une usine peut réfléchir à la manière de relancer l'activité et de protéger le cœur vital de l'usine (turbine...) ; tandis que les secours publics peuvent faire évacuer les personnes, porter les premiers secours. Néanmoins, parallèlement, il n'est pas sûr que la gouvernance des risques fonctionne. Comme les acteurs ont des finalités différentes, il est possible qu'ils ne parviennent pas à s'entendre sur des finalités communes. Le responsable de l'usine peut empêcher les sapeurs-pompiers d'intervenir car ils peuvent, par leur intervention, endommager du matériel *névralgique*.

Dans ce contexte, la collaboration est plus envisageable entre organisations du même « bord » (privé/privé, public/public). À ce titre, les CLS ou les PLS ne sont généralement que l'émanation d'une action collective publique, les acteurs privés étant généralement relégués au second plan ou même étant absents. Pareillement, les organisations privées ont tendance à collaborer indépendamment des organisations publiques pour lutter contre les risques. Ainsi, par exemple, ce sont les entreprises qui sont les plus consommatrices de sécurité privée. Tout cela montre les difficultés à faire collaborer entités publiques et privées.

☞

☞

Dans cette perspective, et même si des différences culturelles peuvent évidemment entraîner des distinctions entre pays, des partenariats publics privés (PPP) constituent des arrangements institutionnels complexes à construire et à faire fonctionner. Ils sont mêmes d'après notre démonstration contre nature.

Bref, les collectivités locales et les entreprises n'ont pas la même approche du risque. D'ailleurs, le mode de comptage est représentatif de cette différence. Les unes comptent leurs pertes en blessés et en morts tandis que les autres comptent en unité monétaire. Cette différence d'approche rend incertaine l'existence d'une nouvelle gouvernance du risque et c'est cette incertitude qui est peut-être le plus problématique. Dans la mesure où les responsables publics et privés ne sont pas en capacité de se comprendre et de s'entendre, il est peu probable que l'on ait une gestion du risque performante, c'est-à-dire qui permette de trouver un *modus vivendi* entre opérateurs publics et privés pour mieux traiter des risques. Face à ce constat, il est alors urgent que le législateur définisse les modalités d'une communication interinstitutionnelle apte à mieux contrôler les aléas nombreux de la coordination entre secteur public et secteur privé.

Annexe III — Obligations en matière de sécurité pour les entreprises utilisatrices de travail temporaire (analyse de l'arrêt de la Cour de cassation du 30 novembre 2010)

Aux termes d'une décision du 30 novembre 2010, la Cour de cassation a jugé que le non-respect par les entreprises utilisatrices de travail temporaire de leurs obligations en matière de prévention des risques cause en lui-même un préjudice au salarié, indépendamment de toute atteinte à son intégrité physique. Dès lors, leur responsabilité doit être retenue pour manquement à leur obligation de sécurité et de résultat, obligation dont elles doivent assurer l'effectivité.

En l'espèce, un salarié d'une entreprise de travail temporaire a été employé par une entreprise utilisatrice en qualité de soudeur inox. Ayant été contaminé par le chrome, il a été déclaré inapte à son poste de travail. Considérant que cette inaptitude était due aux fautes commises par l'entreprise utilisatrice, qui ne lui aurait pas fourni dès le début de sa mission un masque à adduction d'air, comme cela était pourtant prévu, le salarié a saisi le Conseil des prud'hommes puis la cour d'appel de Poitiers afin que les entreprises de travail temporaire et utilisatrices soient solidairement condamnées à lui verser la somme de 15 000 euros à titre de dommages et intérêts.

Aux termes d'une décision en date du 29 avril 2008, la cour d'appel de Poitiers a rejeté la demande du salarié au motif que « non seulement la preuve n'est pas rapportée de manquements de la société Barreault Lafon en matière d'hygiène et de sécurité, mais la réalité même d'une contamination par le chrome n'est pas établie. Dès lors l'inaptitude, prononcée à titre préventif selon l'expert et uniquement en raison des résultats des deux dosages de chrome, ne peut être imputée à une faute quelconque de l'employeur ou de l'entreprise utilisatrice ».

Cette décision a toutefois été cassée par la Cour de cassation qui, après avoir rappelé, au visa des articles L. 4121-1 et L. 1251.21 du Code du travail, que « l'entreprise de travail temporaire et l'entreprise utilisatrice sont tenues, à l'égard des salariés mis à disposition, d'une obligation de sécurité de résultat dont elles doivent assurer l'effectivité, chacune au regard des obligations que les textes mettent à leur charge en matière de prévention des risques » a considéré que « la seule circonstance qu'un tel masque n'ait pas été fourni à M. Roye dès le début de sa mission constituait un manquement de l'entreprise utilisatrice à son obligation de sécurité de résultat causant nécessairement un préjudice au salarié » (Soc., 30 novembre 2010, pourvoi n° 08-10.390).

Si cette solution mérite de retenir l'attention des entreprises, qui doivent être très rigoureuses dans la mise en place de leurs mesures de prévention des risques, elle semble toutefois s'inscrire dans le droit fil de la jurisprudence de la Chambre sociale de la Cour de cassation tendant, comme l'a reconnu monsieur Sargos, à « l'émancipation » de l'obligation de sécurité et de résultat de l'employeur (« L'émancipation de l'obligation de sécurité de résultat et l'exigence d'effectivité du droit », P. Sargos, *Semaine juridique sociale* n° 14, 4 avril 2006, n° 1278).

En effet, c'est tout d'abord en matière de maladie professionnelle (Soc., 28 février 2002, RJS 2002, n° 81) puis d'accident du travail (Soc., 11 avril 2002, *Bull. civ. V*, n° 127) que la Chambre sociale de la Cour de cassation a consacré le principe selon lequel « en vertu du contrat de travail le liant au salarié, l'employeur est tenu envers lui d'une obligation de sécurité de résultat » considérant « que le manquement à cette obligation a le caractère d'une faute inexcusable, au sens de l'article L.452-1 du Code de la Sécurité sociale, lorsque l'employeur avait ou aurait dû avoir conscience du danger auquel était exposé le salarié, et qu'il n'a pas pris les mesures nécessaires pour l'en préserver ».

Toutefois, elle a par la suite étendu le champ d'application de cette obligation en considérant que, même en l'absence de toute maladie professionnelle ou accident du travail, un salarié était recevable à invoquer un manquement de l'employeur à cette obligation, développant ainsi une véritable « politique jurisprudentielle de prévention des risques » (« Obligation de sécurité de l'employeur et harcèlement "horizontal" : vers une obligation de résultat absolu », J. Mouly, JCPG, n° 12, 22 mars 2010, n° 321).

Ainsi, en matière d'atteinte à l'intégrité physique du salarié, elle a, après avoir rappelé le principe de l'obligation de sécurité de résultat auquel est tenu l'employeur, cassé un arrêt qui avait débouté un salarié de sa demande de requalification de sa prise d'acte de rupture en licenciement sans cause réelle et sérieuse aux motifs « qu'en statuant ainsi, par des motifs inopérants tirés notamment de constatations relatives à l'insuffisance du taux de nicotine trouvé dans le sang du salarié exposé aux fumées de cigarettes, alors qu'elle avait constaté que la société ne respectait pas les dispositions du Code de la santé publique sur l'interdiction de fumer dans les lieux publics concernant les salariés, la cour d'appel a violé les textes susvisés » (Soc., 6 octobre 2010, pourvoi n° 09-65.103 ; voir aussi Soc., 29 juin 2005, pourvoi n° 03-44.412).

☞

La Cour de cassation a dès lors reconnu que la responsabilité de l'employeur devait être retenue dans la mesure où il avait manqué à son obligation de sécurité et de résultat, et ce alors même qu'au jour de cette décision, cette faute n'avait entraîné aucune altération de la santé du salarié.

Par ailleurs, en matière de harcèlement moral et de santé mentale du salarié, la Chambre sociale a considéré que l'employeur manque à son obligation de sécurité de résultat en matière de protection de la santé et de la sécurité des travailleurs lorsqu'un salarié est victime sur le lieu de travail de violences physiques ou morales ou de harcèlement, exercés par l'un ou l'autre de ses salariés, quand bien même il aurait pris des mesures en vue de faire cesser ces agissements (Soc., 3 février 2010, pourvois n° 08-40.144 et 08-44.019) ou encore lorsqu'un salarié se plaint d'un simple « sentiment d'insécurité », en considérant que « les mesures prises par l'employeur pour assurer la sécurité de la salariée sur les lieux de travail n'étaient pas suffisantes », et ce pourtant en l'absence de toute atteinte objective à la sécurité du salarié (Soc., 6 octobre 2010, pourvoi n° 08-45.609).

Par l'arrêt en date du 30 novembre 2010, la Cour de cassation confirme donc la vision élargie qu'elle a de l'obligation de sécurité et de résultat de l'employeur, dès lors qu'il semble ressortir de sa jurisprudence que la violation de cette obligation « n'impose pas la preuve d'une faute patronale, mais la réalisation d'un risque, lequel ne se superpose pas toujours avec une pathologie » (« Risques psychosociaux et méthodes de gestion de l'entreprise », D. Asquinazi-Bailleux, *Semaine juridique sociale*, n° 40, 5 octobre 2010, n° 1393).

À ce titre, cette décision est à rapprocher de celle rendue par la Chambre sociale de la Cour de cassation le 11 mai 2010, qui, si elle ne se place pas sur le terrain de l'obligation de sécurité de résultat, a reconnu aux salariés ayant travaillé dans un établissement ouvrant droit à la préretraite amiante un préjudice d'anxiété lié au risque de déclaration à tout moment d'une maladie liée à l'amiante, et ce alors même qu'aucune atteinte physique à leur santé ne s'est déclarée (Soc., 11 mai 2010, pourvoi n° 09-42.241).

Les entreprises doivent donc être particulièrement vigilantes et assurer l'effectivité des mesures de prévention des risques qu'elles mettent en place, à défaut de quoi leur responsabilité pourrait être engagée et ce en l'absence de toute maladie professionnelle ou accident du travail,

☞

☞

mais surtout de toute atteinte actuelle à l'intégrité physique du salarié. À l'évidence, cette politique ne sera efficace que si l'exemple est donné par la direction générale, en s'appuyant de manière transversale sur les fonctions supports, à savoir : direction juridique, direction sécurité-sûreté, direction des ressources humaines (pour la partie formation) et *risk manager* (s'il existe).

Emmanuel Daoud et Juliette Mongin, avocats à la Cour,
Cabinet Vigo, www.cdse.fr, janvier 2011.

Lexique

Acceptabilité du risque : notion désignant l'ensemble des procédures, enquêtes d'utilité publique, expertises... qui rendront ou non acceptables par les citoyens l'implantation d'industries dangereuses, la construction de barrage ou tunnels ou encore la mise en circulation de produits à risques comme les OGM.

Accident : tout événement soudain, involontaire, imprévu et extérieur qui entraîne des dommages corporels, matériels ou immatériels.

Aléa : l'aléa correspond à la manifestation d'un phénomène naturel ou anthropique d'occurrence et d'intensité données.

Analyse des risques : l'évaluation, la gestion et la communication du risque.

Analyse du risque : étude qui permet de déterminer le degré de risque et d'évaluer les conséquences d'un événement sur une organisation et son environnement.

Analyse de vulnérabilité : introduite par William Perry, il s'agit d'identifier les menaces face auxquelles une organisation est la plus vulnérable et pour lesquelles elle doit maintenir une capacité d'intervention.

Assurabilité : tous les risques ne peuvent pas être assurés à tout moment. Les risques sont assurables à condition d'être mesurables, bien cernés et correctement maîtrisés.

Atténuation des risques : limitation des conséquences négatives du risque qui sont considérées comme inévitables ou probables.

Audit : examen permettant de déterminer si les activités et les résultats associés sont conformes aux dispositions préétablies et si ces dispositions sont mises en œuvre de manière efficace et sont adéquates pour réaliser la politique et les objectifs de l'organisation. (*Source* : OHSAS 18001)

Captive : outil de gestion et de financement des risques dont les caractéristiques sont les suivantes : 1) elle est propriété de l'entreprise, 2) la totalité ou la majorité des risques souscrits par la captive provient de l'entreprise.

Cartographie des parties prenantes : identifie les attentes et le pouvoir de chaque groupe d'intérêt et permet d'établir les priorités politiques.

Cartographie des risques : processus d'identification, de hiérarchisation et d'évaluation des risques permettant de les positionner sur des échelles afin de les traiter.

Catastrophe : un événement de proportions immenses qui a des conséquences graves, souvent avec des pertes de vie et d'une grande proportion des actifs de l'organisation.

Choc extrême : sinistre majeur, catastrophe affectant une ou plusieurs entreprises et leur environnement.

Classification des risques : la catégorisation du risque, habituellement élevé, moyen, faible et les valeurs intermédiaires.

Crise : il y a crise lorsque les réseaux d'acteurs sont désorganisés et ne fonctionnent plus.

Dangers : activités, tâches, opérations, outils ou agents qui sont des sources importantes de risque matériel personnel et de conséquences négatives éventuelles.

Discontinuité : en gestion des risques, un événement ou une conséquence que l'on ne peut pas prévoir ou extrapoler à partir d'événements ou d'actions antérieurs.

Environnement : les forces, conditions et circonstances externes que constitue la source du risque. Certains environnements incluent la technologie, les clients, les marchés, les fournisseurs, les aspects politiques, les éléments physiques, etc.

Environnement turbulent : un environnement dynamique, discontinu, externe complexe caractérisé par des changements soudains. Une expression que l'on retrouve à l'occasion en planification stratégique.

Étude des dangers : une étude des dangers a pour objet de rendre compte de l'examen effectué par l'exploitant pour caractériser, analyser, évaluer, prévenir et réduire les risques d'une installation ou d'un groupe d'installations, autant que technologiquement réalisable et économiquement acceptable, que leurs causes soient intrinsèques aux produits utilisés, liées aux procédés mis en œuvre ou dues à la proximité d'autres risques d'origine interne ou externe à l'installation (définition donnée par l'Inéris).

Évaluation de l'environnement : l'examen de l'environnement pour détecter des signaux de changement dans la planification stratégique.

Évaluation des risques : l'identification du risque, la mesure du risque et le processus de priorisation des risques.

Évaluation des risques de comportement : l'évaluation du *risque* envers une organisation peut être le résultat de l'examen de sa culture, de sa structure, de l'attitude de ses employés et des mécanismes pour permettre aux employés de soulager une pression.

Événement : un incident ou une situation qui survient à un endroit donné au cours d'un laps de temps donné.

Événements de conséquence élevée/faible probabilité : événements rares avec des conséquences catastrophiques.

Éviter les risques : décider de ne pas prendre un risque, c'est-à-dire de choisir une autre voie qui ne fait intervenir ce risque.

Exposition : variable qui permet de mesurer et de classer les risques auxquels l'organisation est exposée.

Facteurs des risques : manifestations ou caractéristiques mesurables ou observables d'un processus qui indique soit la présence de *risques*, soit des tendances à accroître l'*exposition*.

Filtres cognitifs : croyances partagées et biais qui, face à l'incertitude, peuvent modifier la perception de l'incertitude pour produire un sentiment d'une certitude plus grande qu'elle est en réalité.

Financement des risques : méthodes mises en application pour financer la gestion des risques et les conséquences des risques résiduels. À titre d'exemple, mentionnons les contrats d'assurances, l'autoassurance, les fonds d'amortissement, etc.

Fréquence : une mesure d'occurrence, exprimée en nombre de fois qu'un événement se produit dans un temps donné.

Gestion des risques : la gestion des risques est un processus matriciel itératif de prise de décision et mise en œuvre des instruments qui permettent de réduire à un niveau acceptable l'impact des vulnérabilités pesant sur toute entité.

Gouvernement d'entreprise : désigne l'ensemble des pratiques, des structures et des procédures qui définissent le partage du pouvoir, la répartition des responsabilités et les modes de contrôle entre les différentes parties prenantes d'une organisation.

Groupe de concertation : un outil de recherche-sondage faisant appel à un petit groupe de personnes qui cheminent par un processus d'interview structurée dans le but de développer leurs opinions individuelles et de groupe. On l'utilise dans le cadre de projets d'évaluation des risques et d'autoévaluation des contrôles pour obtenir des opinions à l'égard de questions liées à la gestion des risques.

Identification du risque : la méthode pour identifier et classer le risque.

Impact : conséquence d'un événement qui se réalise.

Incertitude : définie comme la difficulté, voire l'impossibilité de se représenter l'avenir dans les limites du savoir disponible.

Infrastructures critiques : les infrastructures critiques sont définies comme les installations physiques et les technologies de l'information, les réseaux, les services et les actifs, qui en cas d'arrêt ou de destruction, peuvent avoir de graves incidences sur la santé, la sécurité ou le bien-être économique des citoyens.

Insécurité : état d'alerte et d'inquiétude de la société face au risque de violence.

Intelligence économique : mode de gouvernance dont l'objet est la maîtrise de l'information stratégique et qui a pour finalité la compétitivité et la sécurité de l'économie et des entreprises.

Loi Sarbanes-Oxley (SOX) : loi ratifiée le 31 juillet 2002 suite aux scandales financiers d'Enron et Worldcom. Cette loi vise à renforcer les contrôles au sein des entreprises : obligation pour les présidents et directeurs financiers de certifier personnellement les comptes, obligation de nommer des administrateurs indépendants au comité d'audit du conseil d'administration…

Malveillance : intention de nuire par une action pouvant porter atteinte à l'organisation.

Matrice de menaces : tableau de valeurs utilisé par une organisation pour positionner les différentes menaces auxquelles elle fait face.

Matrice du risque : une forme de mesure du risque et de priorisation du risque en une seule étape qui utilise les risques sur l'axe horizontal et les composantes du système ou les étapes de vérification sur l'axe vertical. Les deux axes sont triés au coin gauche (élevé), ce qui crée une matrice comportant des quadrants de groupes d'éléments et de risques élevés, moyen et faible.

Menace : une combinaison du risque, de la conséquence de ce risque et de la vraisemblance que l'événement négatif se produise. On l'utilise souvent en analyse à la place du risque.

Mesure du risque : l'évaluation de l'ampleur du risque.

Méthode d'exposition : la méthode relative à l'évaluation du risque du point de vue des quatre catégories de valeurs actives (matérielle, financière, humaine, incorporelle) et de leur taille, de leur type, de leur transférabilité et de leur emplacement.

Modèles de simulation : une forme d'élaboration de scénarios qui vise à simuler les interactions et les stimuli par l'intermédiaire d'équations mathématiques comme moyens de prévoir l'avenir.

MOPFF : menaces/occasions des points forts/faibles. On l'utilise en planification stratégique et dans les scénarios de risques.

Norme : un ensemble de critères ou d'exigences qui est de façon générale convenu.

Occasion : un événement incertain ayant une conséquence probable positive.

Partage du risque : une technique de gestion des risques pour répartir les conséquences possibles du risque entre plusieurs parties. Les contrats d'assurances et d'autres formes de contrat sont des méthodes utilisées pour partager ou transférer le risque.

Périls : événements catastrophiques imprévus ayant des conséquences importantes.

Plan communal de sauvegarde : créé par l'article 13 de la loi du 13 août 2004 de modernisation civile, le plan communal de sauvegarde (PCS) est un outil au service des maires pour faire face aux problèmes de sécurité civile. Ce plan s'intègre dans l'organisation générale des secours, qui relèvent de la responsabilité des services de l'État, via la préparation des plans Orsec.

Plan de continuité d'activité : un plan de continuité d'activité (PCA) est un ensemble de mesures visant à assurer, selon divers scénarios de crise, y compris face à des chocs extrêmes, le maintien, le cas échéant de façon temporaire selon un mode dégradé, des prestations de services essentielles de l'entreprise puis la reprise planifiée des activités.

Plan de secours : ensemble des mesures permettant de préserver les personnes et les biens et de déclencher les premières actions limitant l'impact d'un choc.

Planification stratégique : plans à long terme fondés sur les objectifs d'affaires globaux de l'organisation. Les plans stratégiques sont habituellement pluriannuels et portent sur 5 ou 10 ans (ou davantage) en se servant de scénarios ou d'autres méthodes de planification qui identifient les hypothèses, les risques et les facteurs environnementaux.

Prévention des risques : processus de réduction des risques portant sur l'analyse des causes et cherchant à diminuer la probabilité d'occurrence.

Principe de précaution : prescrit, dans le cadre d'une incertitude scientifique, une action réglée par l'anticipation d'un risque potentiellement grave.

Priorisation des risques : la relation de niveaux acceptables des risques entre les solutions de rechange.

Probabilité : une mesure (exprimée sous forme d'un pourcentage ou d'un rapport) d'une estimation qu'une chose se produira.

Protection contre le risque : stratégie de gestion de risque qui consiste à mettre en œuvre un ensemble de mesures pour diminuer la gravité et en minimiser les conséquences.

Réaction au risque : décisions et mesures prises par la direction lorsque des risques sont déclarés.

Réassurance : opération par laquelle un assureur s'assure lui-même auprès d'un tiers (le réassureur) pour une partie ou la totalité des risques qu'il a garantis, moyennant le paiement d'une prime.

Réduction du risque : action entreprise pour atténuer les conséquences d'un risque et diminuer la probabilité qu'il survienne.

Répartition du risque : une technique de *gestion des risques* qui cherche à étaler le risque d'une valeur active ou d'une tâche individuelle à des valeurs actives ou tâches multiples de façon à éviter de tout perdre en même temps.

Résilience : capacité, face aux risques majeurs, de reprise et de retour à la normale des activités essentielles et des systèmes critiques, notamment en vue d'éviter l'apparition d'un risque systémique.

Responsabilité civile : obligation légale pour toute personne de réparer les dommages causés à autrui. Le Code civil (art. 1382 à 1386) définit les cas de responsabilité : dommages causés par son fait, par sa négligence, son imprudence, par les enfants, préposés, animaux ou choses que l'on a sous sa garde. D'autres cas de responsabilité sont également définis par la loi, en particulier pour les professionnels (dans le domaine de la construction notamment). La victime a droit à une indemnité correspondant au dommage subi, dans la mesure où elle apporte la preuve du préjudice (blessure…), celle d'un fait dommageable commis par l'auteur responsable de la faute, celle d'un rapport de cause à effet entre le préjudice et le fait dommageable (source : Fédération française des sociétés d'assurance).

Responsabilité sociale de l'entreprise : définit de quelle manière l'organisation excède ses obligations minimales envers ses différentes parties prenantes.

Rétention des risques : rétention intentionnelle (ou non intentionnelle) de la responsabilité à l'égard d'une perte ou financement de risque au sein de l'organisation.

Risque : se caractérise par sa probabilité d'occurrence ou fréquence, et par ses effets ou gravité.

Risque d'entreprise : menace qu'un événement, une action ou une inaction affecte la capacité de l'entreprise à atteindre ses objectifs stratégiques et compromette la création de valeur.

Risque inhérent : le risque que l'on retrouve dans l'environnement et dans les activités humaines et qui fait partie de l'existence.

Risque de projet : « possibilité qu'un projet ne s'exécute pas conformément aux prévisions de date d'achèvement, de coût et de spécification, ces écarts par rapport aux prévisions étant considérés comme étant difficilement acceptables, voire inacceptables » (*Dictionnaire du management de projet*, AFNOR 1996).

Risque majeur : le risque majeur est la possibilité d'un événement d'origine naturelle ou anthropique, dont les effets peuvent mettre en jeu un grand nombre de personnes, occasionner des dommages importants et dépasser les capacités de réaction de la société. (*Source : www.prim.net*)

Risque opérationnel : risques ayant trait à chaque opération ou chaque étape de la production.

Risque pays : défini comme l'incidence de la volatilité constatée ou latente des conditions d'affaire dans un pays sur le revenu attendu d'un investissement.

Risque de réputation : affectant les entreprises, ils reposent sur l'importance du symbolique et de la marque.

Risque résiduel : le risque qui reste après l'application des techniques de gestion des risques.

Scénarios de menaces : semblable aux scénarios de risques, sauf que l'accent est mis sur les conséquences négatives d'événements incertains.

Scénarios de risques : une méthode permettant d'identifier et de classer les risques grâce à l'application créative d'événements probabilistes et de leurs conséquences.

Scénarios : descriptions narratives d'hypothèses, de risques et de facteurs environnementaux et de la mesure dans laquelle ils peuvent influer sur les opérations. Les scénarios visent à explorer l'effet de la modification de plusieurs variables en même temps avec une analyse objective et des interprétations subjectives.

Sûreté : ensemble mettant en œuvre une organisation, des pratiques, des produits, et visant à réduire, contrôler ou empêcher la concrétisation d'une menace pour une organisation. (*Source* : CNPP)

Traitement du risque : processus de sélection et de mise en œuvre des mesures en vue de faire accepter le risque, de le réduire, de l'éviter, de le transférer…

Transfert de risque : une technique de gestion des risques pour éliminer le risque d'un secteur à un autre ou d'une partie à une autre. Les compagnies d'assurances transfèrent le risque de perte financière de l'assuré à l'assureur. On appelle les transferts partiels le partage de risques.

Transferts de risque : transférer la responsabilité ou le fardeau du financement de risque à une autre partie.

Volatilité : changement rapide et inattendu.

Vulnérabilité : état de fragilité d'une organisation ou d'une société.

Bibliographie

1 Ouvrages

ARROW K. J., *Théorie de l'information et des organisations*, Paris, Dunod, 2000.

ARTHUR B. W., *Self-Reinforcing mechanisms in economics, in The economy as an evolving complex system, reading*, P. ANDERSON *et al.* (Eds), MA : Addison-Wesley.

BARTHÉLEMY B. et COURRÈGES P., *Gestion des risques, méthode d'optimisation globale*, Paris, 2e édition, Éditions d'Organisation, 2004, p. 36.

BAUER A., RAUFER X., *Violences et insécurité urbaines*, Presses universitaires de France, Paris, 1998.

BECK U., *La société du risque. Sur la voie d'une autre modernité*, Paris, Aubier, 2001.

BENTOGLIO G., BETBEZE J.-P., *L'État et l'assurance des risques nouveaux*, Paris, La Documentation française, 2005.

CALLON M., LASCOUMES P., BARTHES Y., *Agir dans un monde incertain*, Paris, Éditions du Seuil, 2001, p. 213.

CASTEL R., *L'insécurité sociale, qu'est-ce qu'être protégé ?*, Paris, Éditions du Seuil, 2003.

CLEARY S., MALLERET T., *Risques, perception, évaluation, gestion*, Paris, Maxima, 2006.

CLUSIF, *Fraude interne, malveillance interne : détection et gestion*, Les synthèses du Clusif, Paris, 2009.

CROCQ L., HUBERSON S., VRAIE B., *Gérer les grandes crises*, Odile Jacob, 2009.

CROS M., GAULTHIER-GAILLARD S., HARTER H., PECH P., *Catastrophes et risques urbains*, Lavoisier, 2010.

DELMAS-MARTY M., *Libertés et sûreté dans un monde dangereux*, Seuil, 2011.

DÉNÉCÉ E., MEYER S., *Tourisme et terrorisme*, Paris, Ellipses, 2006.

FAYOL H., *Administration industrielle et générale*, réédition, Dunod, 1976.

FRIEDMAN T., *The world is flat : a brief history of the twenty-first century*, Farrar, Straus and Giroux, 2005.

GIRAUD F., SAULPIC O., *Management control and performance processes*, Paris, Gualino éditeur, 2005.

GODARD O., HENRY C., LAGADEC P., MOCHEL-KERJAN E., *Traité des nouveaux risques*, Éditions Gallimard, 2000, p. 465 et « Dominos », Flammarion, 2001.

GREFFE X., *La gestion publique*, Paris, Dalloz, 1999, p. 398.

HASSID O., CAVALLARI O., *Réaliser le plan de continuité d'activité de son entreprise*, Maxima, 2011.

HERBERT C., « Les délits génétiques », in *Le dictionnaire des risques*, DUPONT Y., Paris, Armand Colin, 2004, p. 100.

ISHIKAWA A., Tsujimoto, *Risk and crisis management*, World Scientific Publishing, 2009.

JACQUILLAT B. et SOLNIK B., *Marchés financiers, gestion de portefeuille et des risques*, Paris, 2e édition, Dunod, 1990, p. 124.

JOFFRE P. et KOENIG G., *Stratégie d'entreprise*, Paris, Économica, 1985.

JOHNSON G., SCHOLES H., *Exploring Corporate Strategy*, Prentice Hall Europe, 1984.

KERVERN G.-Y., *Éléments fondamentaux de cyndiniques*, « Gestion », Économica, Paris, 1995.

LAGADEC P., *Ruptures créatrices*, Paris, Éditions d'organisation, *Les Échos* Éditions, 2000.

LASH S., BZERSZYNSKI B., WYNNE B. (eds), *Risk, environment and modernity. Towards a new ecology*, Sage, 1996, p. 44-83.

LAUFER R., *L'entreprise face aux risques majeurs*, L'Harmattan, 1993.

MARSH, *La gestion des risques, un élément clé de la réussite de votre entreprise, rapport sur la gestion des risques, 2004*, Marsh Inc, 2004.

MEKOUAR R. et VÉRET C., *Fonction : risk manager*, Paris, Dunod, 2004.

Méric J., Pesqueux Y., Solé A., *La société du risque : analyse et critique*, Économica, 2009.

Moreau F., *Comprendre et gérer les risques*, Paris, Les Éditions d'Organisation, 2002, p. 66.

North D. C., *Institutions, institutional change and economic performance*, Cambridge University Press, 1990.

O'Boyle Kelly D., Arend C., *Sécurité informatique : l'aube d'une ère nouvelle*, un livre blanc commandité par Stéria et IDC France, « Les essentiels », Stéria.

Ocqueteau F. et Pottier M.-L., *Vigilance et sécurité dans les grandes surfaces*, Paris, L'Harmattan, 1995.

Ocqueteau F., *Les défis de la sécurité privée*, Paris, L'Harmattan, 1997.

Osborne M., *Les risques émergents au xxie siècle*, un projet du programme de l'OCDE pour l'avenir, septembre 2003, p. 16.

Pateyron E., *La veille stratégique*, Paris, Economica, 1998, p. 9.

Power M., *The risk management of everything*, London, Demos, 2004, p. 14.

Power M., *La société de l'audit, l'obsession du contrôle*, Paris, La Découverte, 2005.

Raimbault C-A., Barr A., *Risques émergents : un pilotage stratégique*, Economica, 2010.

Refalo P.-L., *Sécuriser l'entreprise connectée*, Paris, Éditions d'Organisation, 2002, p. 37.

Rifkin J., *L'âge de l'accès*, Paris, La Découverte, 2000, p. 65.

Roché S., *En quête de sécurité*, Armand Colin, 2003, p. 26.

Roché S., *Insécurité et liberté*, Paris, Éditions du Seuil, 1994.

Roché S, *Sociologie politique de l'insécurité*, Paris, Puf, 1998.

Thébaud-Mony A, *Working without limits ? Re-organising work and reconsidering workers'health*, université Paris 8, 2000.

Thébaud-Mony A., *Sous-traitance et servitude. Enquête sur le travail, la santé et la sûreté auprès des travailleurs « extérieurs » dans l'industrie nucléaire française*. Éd. Inserm, « Questions en santé publique », Paris, 2000.

Veret C., Mekouar R., *Fonction : risk manager*, Paris, Dunod, 2005.

Zauberman R., Robert P., *Du côté des victimes, un autre regard sur la délinquance*, Paris, L'Harmattan, 1995, p. 196.

2 Revues

AOKI M., « Horizontal vs vertical information structure of the firm », *American Economic Review*, vol. 76, n° 5, 1986, pp. 971-983.

AOKI M., « Information, Incentives and bargaining in the japanese economy », *Cambridge university press*, Royaume-Uni, 1988.

DEFFARGES T., « Terrorisme : une revue de la littérature économique », *Problèmes économiques*, n° 2838, 7 janvier 2004.

GODARD O., « Le principe de précaution comme norme de l'action publique ou la proportionnalité en question », *Revue économique*, vol. 5, n° 6, novembre 2003.

IHESI, « Un renforcement de la politique publique de prévention des risques environnementaux », *Préventique-Sécurité*, n° 70, juillet-août 2003.

LE GENTIL E., « Le piratage informatique », *Risques*, n° 46, juin 2001.

« L'État face aux risques », *Regards sur l'actualité*, La Documentation française, n° 328, février 2007.

LEVY C., « L'incivilité déboule dans l'entreprise », *Liaisons sociales*, n° 34, septembre 2002.

LOUISOT J.-P., « La gestion des risques en services publics », *La gazette des communes*, cahier détaché, n° 2, 22 septembre 2003.

NICOL J. Y., « Kidnapping et extorsion : des risques pour les multinationales », *Risques*, n° 51, septembre 2002.

PATENAUDE J., « L'évaluation du risque et ses paradigmes », *Éthique publique*, vol. 4, n° 2, 2002, p. 73.

RIVET DE SABATIER C., « L'entreprise sait-elle aujourd'hui gérer le risque politique ? », *Risques*, n° 46, juin 2001.

THOENIG J.-C., « L'évaluation en actes : leçons et perspectives », *Politiques et management public*, vol. 20, n° 4, décembre 2002.

TORNY D., « La traçabilité comme technique de gouvernement des hommes et des choses », *Les cahiers de la sécurité intérieure*, 38, 4e trimestre 1999, p. 158.

VARESE F., « The Russian Mafia : private protection in a new market economy », *Oxford university press*, oct. 2001.

WELFORD R., « Corporate social responsability in Europe, North America and Asia : 2004 survey results », CEGP, University of Hong Kong, Project Report 11, mai 2004.

WILLIAMSON O.E., « Comparative economic organization : the analysis of discrete structural alternatives », *Administrative Science Quarterly*, n° 36, 1991.

Index

M

N

P

R

S

T

V